医療経営戦略論

羽田明浩 ［著］

創 成 社

はじめに

　本書は，筆者が国際医療福祉大学大学院 医療経営福祉学研究科のヘルスケアMBA（マスターオブビジネスアドミニストレーション）コース（hMBAコース）で担当する医療経営戦略論の講義内容が基になっている。2007年に筆者は『ナースのためのヘルスケアMBA』（創成社）を出版している。同書はhMBAコースで学ぶ医療経営に関わる，経営戦略論，組織論，マーケティング論，アカウンティングとファイナンス，ケースメソッド，経営分析のフレームワークについて記載しており大学院の講義テキストとして活用している。筆者が担当する医療経営戦略論15回の講義では，同書に記載した内容より詳しく理論の解説を行っている。そのため，機会があれば医療経営戦略論について深掘りした内容の本を執筆したいと常々考えていた。今回，本書を執筆する機会ができたことは望外の喜びと感じている。

　筆者が所属する大学院hMBAコースは社会人向け大学院であり，大学院生は看護師，医師，薬剤師，理学療法士，病院事務職員等のヘルスケアスタッフが大半であり，組織の中堅職員となった方々が経営管理理論を学ぶために通っている。担当する医療経営戦略論の授業はアクティブラーニングを採り入れており，受講者25人ほどに対して，講義の2日前に予め講義資料を配布し，受講者は予習したうえで授業に臨んでいる。授業は配布した経営戦略理論を説明したのち，毎回5組ほどに分かれてグループディスカッションを行い，各グループで討議された内容をグループ代表者が発表する形式をとっている。必ずグループディスカッションがあるため，予習したうえで授業に参加し，筆者の講義を聴いたのちに，クラスメートとグループ討議で意見交換を行うので，学んだ理論を自己の所属する組織の事例に置き換えることで一層理解が深まるとの意見を受講中の大学院生からいただいている。

　そのため，本書は大学院の授業形式を踏まえ，各章の終わりに大学院授業で用いたディスカッションテーマを掲示している。各章を読んだ後にディスカッションテーマに取り組んでいただくことで読者の理解が深まるものと思料する。

　さらに，医療機関経営に役立つように，実際の医療機関の事例をケースとして記載している。

　本書の構成は以下のようになっている。第1章と第2章は経営戦略論の理論形成の流れと経営戦略理論の階層について記載している。第3章と第4章はミッションとビジョンについてとドメインについて記載している。第5章は多角化であり，3章から5章までが全社戦略の領域について書いている。第6章から11章は競争戦略論，ポジショニング，協調戦略と競争戦略の基本戦略，バリューチェーンについて，さらに資源ベース・アプローチについてであり，事業戦略の領域について書いている。第12章は，規制が病院経営に及ぼす影響を記載しており，第13章は病院経営における競争優位の源泉について述べている。第14章はナレッジ・マネジメントについてであり，第15章はダイナミック・ケイパビリティと両利きの経営について，第16章はブルーオーシャン戦略について，第17章はポーターとクリステンセンによる医療経営への提言について記載している。第14章から17章までは，1990年代以降の経営戦略理論を紹介している。第18章は経営分析に用いられるフレームワークを記載している。最終章の19章は経営戦略理論を用いた企業信用調査について述べている。本書は1960年代から2010年代までの経営戦略理論について述べており，これらの理論を背景とした医療機関経営のケースや経営戦略理論を用いた分析を記載しているので，読者の参考になることは多いものと自負している。

　筆者は経営戦略論をベースとした授業を，大学院の医療経営戦略論の講義の他に，大学の学部生向けの経営戦略論，組織運営管理論，企業論の他，看護師の認定看護管理者教育課程の講義で経営戦略論を基にする講義を担当している。筆者が担当する講義において，受講者である大学生と社会人大学院生は，経営戦略論に対して非常に高い関心を示している。その理由は，アップトゥデ

イトの様々な企業活動多くは経営戦略理論を用いて説明することで，それらの企業活動についての理解が深まるからである。

　現在，2025年問題への対応から医療業界は大きな転換期を迎えており，「病院完結型」の医療提供体制は「地域完結型」へと移行中である。この「地域完結型」への移行では，各医療機関による診療機能分化と地域医療連携が必要になり，地域の病院間の競争戦略よりも協調戦略が必要となってくる。そして，地域医療においては，地域医療構想によって各医療機関の診療機能の見直しが必要になってくる。この過程ではバリューチェーンにおける自施設の役割やポジショニング分析等が必要になってくる。このように現在の医療業界に起きている様々なことも経営戦略理論を用いることで理解が深まり，さらに自施設がこれから行うべきことを予想することも可能になる。

　医療機関のスタッフは現在，新型コロナウィルスへの対応から非常に大変な状態を迎えており，医療提供体制は平時の提供体制から非常時の対応の必要が求められている。そして，コロナ禍にあってこれからの医療体制の在り方についての検討も必要になってくる。本書が医療機関スタッフの方にとってお役に立つことができれば幸いである。

　本書が想定する読者層は，医療機関に勤務する医師，看護師，セラピストや医療事務職等のヘルスケアスタッフのほかに，本学をはじめとする医療経営が学べる大学院生や学部生，そのほかに医療に関心のある方々を対象にしている。

　本書の執筆にあたり，前国際医療福祉大学教授の武藤正樹先生には，企画段階からサポートをいただいた。また，ヘルスケアMBAコースの羽田ゼミナールの院生の方々からは色々と意見をいただいた。そして筆者の所属大学の教職員の方々からは様々なご厚情をいただいたことに深謝の意を表する。

　最後に，本書の執筆機会を与えてくださった株式会社創成社社長の塚田尚寛さまならびに同社の西田徹さまに感謝申し上げる。

2021年10月

羽田明浩

目　次

---- 第 1 章 ----

経営戦略理論の系譜

1. 経営戦略論とはどのような科目 !?

　大学の経営学部や商学部あるいは経済学部でも履修する学生が多い科目であり，大学院ビジネススクールのコア科目にもある経営戦略論（コーポレートストラテジー）とはどのような科目であるかについて述べることにする。

　経営戦略論は，企業分析の枠組みを教えてくれるものであると同時に，実務家にとっては企業の中長期の経営計画の立案に役立つ理論を提供してくれる科目である。経営戦略は，経営学の中心テーマであり，企業の長期的存続において重要な役割を占めているものの，具体的に企業経営においてどのような意味を持つかについて，論者によって様々な意見がある。

　もともと軍事用語であった「戦略（strategy）」は，古代ギリシャにおいて軍隊を統帥することを意味する言葉として用いられていたものであり，経営学の概念として登場したのは，1960年代のアメリカにおいて，チャンドラー（1962）あるいはアンゾフ（1965）によって企業の中長期的な目標と，取るべき行動の採択等が述べられたことが登場背景にあると言われている。

　企業分析の枠組みについて具体的に述べると「あの企業はどうして儲かっているのだろう？」ということを分析する切口を教えてくれるものであると言えよう。ここで述べる「儲けること」について，病院をはじめとする医療機関で働くヘルスケアスタッフの方々にとってなじみの薄い考えかもしれない。そして「儲けること」を考えることは卑しいことと考える方もいるかもしれない。「儲ける」とは収入から費用を引いたものであり，「収入－費用＝儲け」という

計算式が成り立つ。医療機関を長期的に運営するためには継続的に利益を計上する健全経営の必要がある。売上を費用で賄うことができない赤字経営が続くヘルスケア機関の運営は行き詰まり，やがては経営破たんすることで地域医療を支えることもできなくなり，ひいては周辺住民の健康を守るという医療機関の使命を果たすこともできなくなってしまう。ヘルスケア機関に限らず，組織の運営には適正利潤を求めることは不可欠となる。

　経営戦略論を学ぶことで「あの企業はどうして儲かっているのか」という分析の枠組みを理解できると同時に，中長期的な視点から企業の将来の方向性の指針を示すことが可能になるのである。

2. そもそも経営戦略とは？

　もともと軍事用語である戦略（strategy）は，ギリシャ語で軍隊（stratos）を統率することを原義とするものであり，軍事における戦略は，戦争に勝利するための全体計画と個別の活動方針を意味している。クラウゼヴィッツは，『戦争論』の中で，「戦略は戦争計画を立案し，所定の目的に到達するための行動の系列をこの目標に結びつける」と述べ，戦略は戦争目的を達成するための戦闘の用い方であることを著している。

　軍事用語である戦略を，ビジネスの領域で最初に経営戦略という概念を重視したのはチャンドラーであった。ここで経営戦略を長期的視野に立ち，計画と密接に基づいた目標志向型の活動と定義している。

　経営戦略については，研究者によって様々に定義されている。チャンドラー（1962）は，「長期的視野に立って企業の目的と目標を決定すること，およびその目的を達成するために必要な行動オプションの採択と資源配分」と述べている。ガルブレイス＆ネサンソン（1978）は「戦略形成プロセスから生じる具体的な活動を指す言葉であり1つの目的を達成するための資源の展開を伴うもの」と述べており，ミンツバーグ（1998）は，「組織のミッションおよび目標に沿って成果を達成するためのトップマネジメントによるプランである」と述

図表1－1　経営戦略とは

・「長期的視野に立って企業の目的と目標を決定すること，およびその目的を達成する
　ために必要な行動オプションの採択と資源配分」　　　　　　　　　（Chandler, 1962）
・「戦略形成プロセスから生じる具体的な活動を指す言葉であり，1つの目的を達成す
　るための資源の展開を伴うもの」　　　　　　　　　（Galbraith & Nathanson, 1978）
・「組織のミッションおよび目標に沿って成果を達成するためのトップマネジメントに
　よるプランである」　　　　　　　　　　　　　　　　　　　　　（Mintzberg, 1998）
・「企業が複数の市場における活動を組み立て調整することで価値を創造する方法」
　　　　　　　　　　　　　　　　　　　　　　　　（Collis & Montgomery, 1998）
・「いかに競争に成功するかということに関して企業が持つ理論」　　　（Barney, 2002）

べ，コリス＆モンゴメリー（1998）は，「企業が複数の市場における活動を組
み立て調整することで価値を創造する方法」と述べ，バーニー（2002）は，「い
かに競争に成功するかということに関して企業が持つ理論」と述べている。

　一方，日本の研究者も次のように経営戦略を定義している。石井他（1996）
は，「企業と環境の係わり方を将来的に示す構想であり，企業内の人々の意思
決定の指針となるもの」と述べており，伊丹（2003）は，「市場の中の組織と
しての活動の長期的な基本設計図」と述べており，青島・加藤（2003）は，「企
業の将来像とそれを達成するための道筋」と述べている。

　研究者達による経営戦略の定義は様々であるが，共通点も見出すことが出来
る。

　それは，到達すべき目標と，企業の外部環境と企業の内部経営資源を関係づ
けて，目標に至るための長期的に描いたシナリオであることである。これらか
ら導き出せる経営戦略の定義を網倉・新宅（2015）は，「企業が実現したいと
考える目標と，それを実現するための道筋を，外部環境と内部資源とを関連づ
けて描いた，将来にわたる見取り図」と述べている。

　医療機関の経営戦略について，高橋（2003）は，次のように述べている。
　「自院を取り巻く外部環境と自院の内部経営資源を分析し，次に中長期的に
自院の目指す方向性を明確化し，必要な経営資源を積極的に活用して最適な経

図表 1 － 2　経営戦略プラン策定

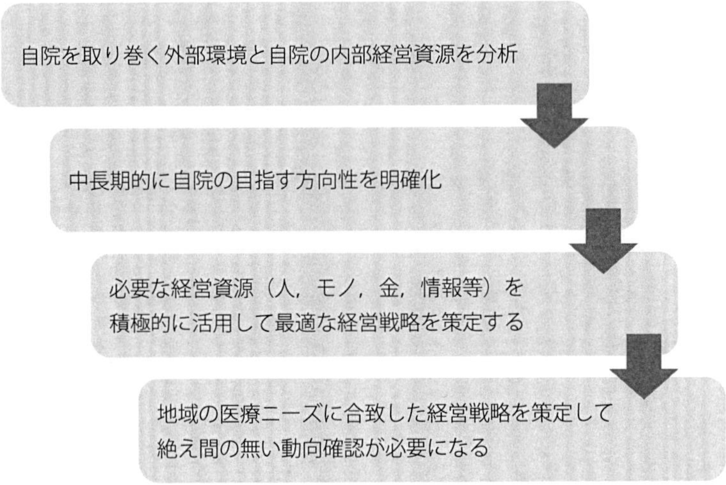

自院を取り巻く外部環境と自院の内部経営資源を分析

中長期的に自院の目指す方向性を明確化

必要な経営資源（人，モノ，金，情報等）を
積極的に活用して最適な経営戦略を策定する

地域の医療ニーズに合致した経営戦略を策定して
絶え間の無い動向確認が必要になる

出所：高橋（2003）

営戦略を策定する。さらに地域の医療ニーズに合致した経営戦略を策定して絶
え間の無い動向確認が必要になる」

3．経営戦略論の系譜

　19 世紀の終わりから 20 世紀初めに成立したと言われる経営学の中心科目である経営戦略論は，1960 年代頃から理論形成が為されたと言われており，経営戦略論は今日までの歴史はまだ 60 年程度であり，他の学問領域の自然科学や社会科学の中でも経済学に比べれば比較的新しい学問領域であるとも言えよう。
　ここでは，およそ 60 年の戦略理論の系譜について簡単に触れる。

3-1　1960 年代　経営力強化のための戦略
　1960 年代に経営学に戦略概念を紹介したのはチャンドラー，アンゾフである。
　チャンドラー（1962）は，「経営戦略と組織」で戦略を「企業にとって基本

図表1－3　経営戦略理論の系譜

	60年代	70年代	80年代	90年代	2000年代以降
経営戦略論の主な内容	企業強化のための戦略	多角化した事業のマネジメントのための戦略	企業間の競争のための戦略	経営資源の有効活用のための戦略	経営能力を経営環境に合わせた活用
	個々の企業が自らの経営活力を蓄積し強化する方法	多角化した事業の管理	事業間の競争の展開方法	個別企業の知識創造　保有する経営資源に基づく経営	経営能力の有効活用
	事業ドメインの定義　製品と市場の組合せ　経営リスクの分散のための多角化	PPM　プロダクト・ポートフォリオ・マネジメント	ポジショニング　コストリーダーシップ　差別化戦略　集中戦略	ケイパビリティ　ナレッジマネジメント　VRIO　見えない資源	ダイナミック・ケイパビリティ
代表的研究者	Chandler AD　Ansoff HI	BCG　ボストン・コンサルティング・グループ	Porter ME	Barney JB　野中郁次郎　伊丹敬之	Teece JD

出所：筆者作成

図表1－4　多角化　成長ベクトル

「成長ベクトル」
・現在の製品・市場との関連において企業がどんな方向に進んでいるかを示すもの

製品・サービス／市場ニーズ	現　在	新　規
現　在	市場浸透戦略	製品・サービスの開発
新　規	市場開発戦略	多角化戦略

出所：Ansoff（1965）邦訳 p.137

となる長期目標・目的を決定し，それらを実現するために必要な行動指針を採用したり，資源を配分したりすること」と定義し，経営戦略の概念化を行っている。この当時のアメリカ大企業は，場当たり的な経営から長期的視点からの経営への転換が求められており，企業成長の方法として多角化の推進と多角化した事業を管理する組織構造を模索していた。チャンドラーは，アメリカの大企業の分析を通して，「組織は戦略に従う」という有名な命題を明らかにしている。

図表1−5　アンゾフの意思決定の３段階

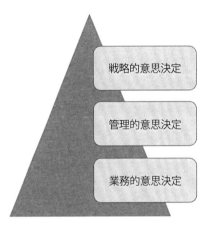

戦略的意思決定
トップマネジメントが行う意思決定。
企業全体に関わる重要な問題が対象。
失敗は多大な損害になる。

管理的意思決定
ミドルマネジメントが行う意思決定。
全社的で基本的な政策を受けて，担当部門
において実行すること。戦術レベルの意思
決定。

業務的意思決定
ロワーマネジメントが行う意思決定。
与えられた目標や業務の仕方を前提として，
スケジュール調整，資材調達量の決定など
実際の業務を遂行するための問題を対象。

出所：アンゾフ（1990）に基づき筆者作成

　アンゾフ（1965）は，『企業戦略論』において企業の意思決定を「戦略的意
思決定」，「管理的意思決定」，「業務的意思決定」に分類するとともに，「戦略
的意思決定」の重要性を示唆している。さらに経営戦略の構成要素として，成
長ベクトルの「製品−市場」の組合せによる企業成長のための選択肢を示して
いる。1960年代の経営戦略論は，企業成長の基本的な方向である「どのよう
な事業を行うか」の方針を決定することにあった。この当時のアメリカ企業は
事業多角化を進めていた時代であり，製品・市場の選択の指針として戦略理論
が重要な意味を持っていた。

3-2　1970年代の経営戦略論　事業多角化の管理のための経営戦略

　1970年代に入って，企業の多角化が進展していくと，多角化をいかに行う
かよりも，多角化した事業間の経営資源の配分が重要な問題となった。このよ
うな問題に対して新たな戦略手法に取り組んだのはコンサルタント会社であ
り，ボストン・コンサルティング・グループ（BCG）は「プロダクト・ポート

図表1－6　PPM

BCGマトリックス

フォリオ・マネジメント（PPM）」という経営戦略手法を開発した（PPMについ
ては後述する）。PPMの出現によって，経営戦略は事業ポートフォリオのマネ
ジメントという新しい内容を付け加えることになった。

3-3　1980年代の経営戦略論　事業間競争のための経営戦略

　1980年代に入ると，企業は同業他社との競争を強く意識するようになり，
同業市場において独自の立場を確保することの重要性が認識されることになっ
た。さらに企業は独自の競争優位性の構築を図り，同業他社との競争のための
戦略である競争戦略が必要になった。

　ここで経営戦略論の代表的研究者であるポーターによる「競争戦略論」が登
場した。ポーターは，産業組織論の視点から，収益性の高い魅力的な業界にお
いて事業展開するべきとして5Forces分析を提唱した。そして事業の基本戦
略として，3つの戦略（コストリーダーシップ戦略，差別化戦略，集中化戦略）を提
唱した（5Forces分析，3つの戦略は後述する）。

図表 1 － 7

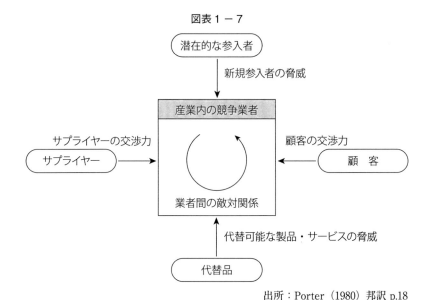

出所：Porter（1980）邦訳 p.18

3-4　1990 年代の経営戦略論　内部経営資源を活用する経営戦略

　1990 年代に入ると，企業経営の方向性は個々の企業が保有する経営資源が着目されるようになった。1980 年代に，企業の外部環境に目が向けられ，企業の内部経営資源の要因が軽視された後に，企業の内部経営資源の重要性に再度目を向けた研究が登場した。この内部経営資源の重要性からバーニーは，「VRIO」分析で企業が保有すべき経営資源の属性を唱えている（VRIO の内容は後述する）。

3-5　2000 年代以降の経営戦略論　ダイナミックに変動する組織能力
##　　　を活用する経営戦略

　2000 年代に入ると，1990 年代以降の資源ベース・アプローチに基づく研究が行われるようになり，その流れを背景としつつ，組織が環境変化を乗り越えて競争優位を獲得して持続できるような能力である「ダイナミック・ケイパビリティ」と呼ばれる研究が行われてきた。急速に変化する環境に対応するため

図表1－8　VRIO 分析

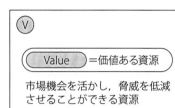
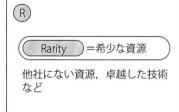

V

Value ＝価値ある資源

市場機会を活かし，脅威を低減
させることができる資源

R

Rarity ＝希少な資源

他社にない資源，卓越した技術
など

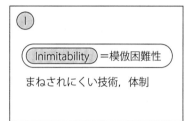

I

Inimitability ＝模倣困難性

まねされにくい技術，体制

O

Organization ＝組織

V. R. I を活用しきれる組織

出所：Barney（2002）に基づき作成

図表1－9

ダイナミック・ケイパビリティ ・組織が企業独自の資源ベースを意図的に創造・拡大・修正する 　能力である	
ダイナミック・ ケイパビリティ	Sensing（感知） 機会・脅威を感知・形成する能力
	Seizing（活用） 機会を生かす能力
	Reconfiguration（再構成） 企業の有形・無形資産を向上させ，結合・保護 再結成し競争力を維持する能力

出所：Teece（2007）

に企業内部や外部の競争力を統合し再構築する組織能力であり，これまでの戦略論が静的なものであったのに対して，ダイナミック・ケイパビリティは，外部環境の変化に合わせて内部資源を動的に再構築するものである。

さらに，ダイナミック・ケイパビリティとの関連で，既存事業を深堀することと並行して新規事業を探索する「両利きの経営」についての関心も高まっている。

このように経営戦略理論は数年ごとに様々な研究者による多くの学説が述べられている。これらの戦略理論の学説をミンツバーグは整理し，10学派に分類している。

① デザイン・スクール

　戦略形成で最も基本的な考えを提唱　SWOT分析

② プランニング・スクール

　中心テーマは「形式化」　目標・予算・運用プランに落とし込む　計画主体は専門プランナー（企画スタッフ）

③ ポジショニング・スクール

　市場競争原理の働く環境において戦略ポジションを選択するために産業構造分析を行う

④ アントレプレナー・スクール

　起業家精神を学ぶことが中心　1人のリーダーの判断・知恵・経験・洞察等人間の知的活動を戦略形成の焦点とする

⑤ コグニティブ・スクール

　起業家の心の中を分析し戦略形成のプロセス解明を行う　認知心理学を応用

⑥ ラーニング・スクール

　組織学習を主要なテーマとして扱う　創発的に現れた戦略をいかに組織に根付かせるかに焦点

図表 1 − 10

戦略サファリによる戦略の 10 分類	
①デザイン・スクール	戦略形成で最も基本的な考えを提唱　SWOT 分析
②プランニング・スクール	中心テーマは「形式化」　目標・予算・運用プランに落とし込む　計画主体は専門プランナー（企画スタッフ）
③ポジショニング・スクール	市場競争原理の働く環境において戦略ポジションを選択するために産業構造分析を行う
④アントレプレナー・スクール	起業家精神を学ぶことが中心　1 人のリーダーの判断・知恵・経験・洞察等人間の知的活動を戦略形成の焦点とする
⑤コグニティブ・スクール	起業家の心の中を分析し戦略形成のプロセス解明を行う　認知心理学を応用
⑥ラーニング・スクール	組織学習を主要なテーマとして扱う　創発的に現れた戦略をいかに組織に根付かせるかに焦点
⑦パワー・スクール	戦略形成において，パワー（政治や権力を含む影響力）の重要性を明示し，カテゴライズしたもの
⑧カルチャー・スクール	組織文化は組織に対して独自性を与える　組織が好む思考スタイルや分析方法，戦略形成プロセスに焦点
⑨エンバイロメント・スクール	「環境」を戦略形成上の主眼に置く　環境が戦略を規定し，組織は環境に従う従属的なものとなる
⑩コンフィギュレーション・スクール	変革への対応から，組織が置かれた状況を捉え，次の変化のプロセスをどのように制御するか

出所：Mintzberg（1998）より作成

⑦　パワー・スクール

　戦略形成において，パワー（政治や権力を含む影響力）の重要性を明示し，カテゴライズしたもの

⑧　カルチャー・スクール

　組織文化は組織に対して独自性を与える　組織が好む思考スタイルや分析方法，戦略形成プロセスに焦点

⑨　エンバイロメント・スクール

「環境」を戦略形成上の主眼に置く　環境が戦略を規定し，組織は環境に従う従属的なものとなる

⑩　コンフィギュレーション・スクール

変革への対応から，組織が置かれた状況を捉え，次の変化のプロセスをどのように制御するのかを検討する

【ディスカッション】

◎　経営戦略論を学ぶ意義を述べてください。

◎　これまでに聞いたことのある「経営戦略理論」について述べてください。

—— 考えてみよう！

参考文献

Ansoff, H. I. (1965) Corporate Strategy, McGraw Hill, Inc.（広田寿亮訳（1969）『企業戦略論』産業能率大学出版部）.

Barney, J. B. (2002) Gaining and Sustaining Competitive Advantage, Pearson Education, Inc.

Chandler, A. D. (1962) STRATEGY & STRUCTURE, Massachusetts Institute of Technology（有賀裕子訳（2004）『組織は戦略に従う』ダイヤモンド社）.

Collis, D. J. & C. A. Montgomery (1998) Corporate Strategy, The McGraw-Hill Companies, Inc.（根来龍之・蛭田啓・久保亮一訳（2004）『資源ベースの経営戦略論』東洋経済社）.

Galbraith, J. R. & D. A. Nathanson (1978) Strategy Implementation: The Role of Structure and Process, West Publishing Co.（岸田民樹訳（1992）『経営戦略と組織デザイン』白桃書房）.

Mintzberg, H., B. Ahlstrand & J. Lambel (1998) STRATEGY SAFARI, The Free Press（斎藤嘉則他訳（1999）『戦略サファリ』東洋経済新報社）.

Porter, M. E. (1980) COMPETITIVE STRATEGY, The Free Press（土岐坤・中辻萬治・服部照夫訳（1982）『競争の戦略』ダイヤモンド社）.

Teece, D. J. (2007) "Explicating Dynamic Capabilities: The Nature and Microfoun-
　dation of (Sustainable) Enterprise Performance," Strategic Management Journal,
　Vol.28, No.13, pp.1319-1350.

青島矢一・加藤俊彦（2003）『競争戦略論』東洋経済新報社.

網倉久永・新宅純二郎（2015）『経営戦略入門』日本経済新聞社.

石井淳蔵・奥村昭博・加護野忠雄・野中郁次郎（1996）『経営戦略論』有斐閣.

伊丹敬之（2003）『経営戦略の論理』日本経済新聞出版.

高橋淑郎（2003）『成功病院の戦略に学ぶ新発想の医業経営』TKC 出版.

特定非営利活動法人経営能力センター（2015）『経営学の基本』中央経済社.

特定非営利活動法人経営能力センター（2015）『マネジメント』中央経済社.

第2章

経営戦略論の階層について

　経営戦略は分析対象によって階層別に整理する必要がある。具体的な階層は大きく3つに分かれており，経営主体全体（企業全体）の戦略である企業戦略（全社戦略）と，事業部門の戦略である事業戦略（競争戦略）と，部門の戦略である機能別戦略がある。

図表2−1　戦略の階層性図

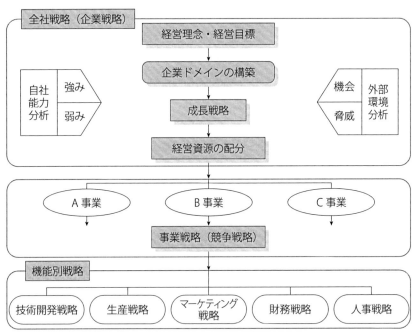

出所：経営能力開発センター（2015）p.18

図表２−２　経営戦略の階層性

企業戦略（全社戦略）
全社戦略の次元 → 全社的な経営理念や経営計画が策定される。 　企業が手掛ける事業の組合せを決めることであり，どの事業に経営資源を優先的に配分するかを決定すること。 　企業は規模拡大から多角化によりいくつかの事業分野を手掛ける場合が多い。どの分野に進出しどの分野から撤退するかを検討するのが全社戦略である。
事業戦略（競争戦略） 　特定の事業分野（業界・産業）においてどのように事業展開をするかという基本方針を意味する。 　これはいかに競合他社と競争をするかを意味するので競争戦略とも言われる。 　単一事業分野のみを経営する企業は，全社戦略と事業戦略がほぼ同一になる。
機能別戦略　企業の機能分野ごとの戦略を意味する 　具体的には製造，販売・マーケティング，経理・財務，人事などである。 　企業の機能分野が中心となるため企業戦略や事業戦略からみれば手段の側面が強く，戦略よりも戦術と言った方が相応しいかもしれない。

出所：筆者作成

　企業戦略（全社戦略）は，企業全体の将来のあり方に関するものであり，企業の成長に関する戦略と位置付けられる。これは，企業が手掛ける事業の組合せを決めることであり，どの事業に経営資源を優先的に配分するかを決定することである。企業は規模の拡大に伴い，多角化によっていくつかの事業分野を手掛ける場合が多い。どのような分野に進出しどのような分野から撤退するのかを検討するのが全社戦略である。全社戦略の次元においては，これらいくつかの事業を統合した全社的な経営理念や経営計画が策定される。

　事業戦略（競争戦略）は，企業が実際に展開している特定の事業分野（業界・産業）において，どのように事業展開を図るかという基本方針を意味する。これはいかに競合他社と競争をするかを意味するので，競争戦略とも言われる。尚，単一の事業分野のみを経営している企業は，全社戦略と事業戦略がほぼ同一になる。

　機能別戦略は，企業の機能分野ごとの戦略を意味し，具体的には製造，販売・マーケティング，経理・財務，人事などである。企業の機能分野が中心と

なるため，企業戦略や事業戦略からみれば手段の側面が強く，戦略よりも戦術と言った方が相応しいかもしれないが，例えば，企業業績が低迷し財務内容改善が喫緊の課題であった場合などは，企業全体の命運を左右する場合もある。

ヘルスケア組織における経営戦略の階層性

　この戦略の３つの階層性を具体的に医療経営組織に当てはめると，全社戦略は医療法人全体の戦略に相当し，事業戦略は病院の戦略に相当し，機能別戦略は，病院の部門別の戦略に相当する。尚，単一病院のみを経営する医療法人にあっては，全社戦略と事業戦略は同一になる。

　医療法人全体の全社戦略において，統一した経営理念が策定され，医療領域，介護領域等の事業領域においての経営計画が策定されたうえで，経営資源の配分が行われる。病院や介護施設における事業戦略は，近隣の競合病院や他施設とどのように競争や協調するかを検討したうえで，いかに地域医療に貢献するかが検討される。

　機能別戦略は部門別の戦略として，診療部門における診療方針，看護部門における看護方針，管理部門における財務，人事，総務他の方針等の策定がある。

図表２－３　経営戦略の階層性

出所：藤田（2010）p.67

図表2－4　医療経営組織における経営戦略の階層性

企業戦略（全社戦略） 医療法人全体の戦略に相当 統一した経営理念が策定され，医療領域，介護領域等の事業領域においての経営計画が策定されたうえで経営資源の配分が為される。
事業戦略（競争戦略） 病院・介護施設の戦略に相当 病院や介護施設における事業戦略は，近隣の競合病院とどのように競争や協調するかを検討したうえでいかに地域医療に貢献するかが検討される。
機能別戦略　機能別戦略は部門別の戦略 診療部門における診療方針，看護部門における看護方針，管理部門における財務，人事，総務他の方針等の策定がある。

出所：筆者作成

【ディスカッション】

◎　所属する組織の「戦略の階層性」についての意見を述べてください。

◎　これまでの経験で「戦略の階層性」を意識したことはありますか。

考えてみよう！

参考文献

網倉久永・新宅純二郎（2015）『経営戦略入門』日本経済新聞社.

特定非営利活動法人経営能力センター（2015）『経営学の基本』中央経済社.

藤田誠（2010）『経営学のエッセンス』税務経理協会.

第3章

ミッション・経営理念と ビジョンについて

全社戦略はまず，ミッション・経営理念，ビジョンといった企業のあるべき姿を明らかにすることから始まる。企業の創業メンバーなどの，何故この会社を興すのか，この会社で何を行いたいのか等の経営者の考えを具現化するための行動のもとになるものがミッション・経営理念であり，その企業の将来の方向性を示すものがビジョンである。

1. ミッション・経営理念

企業は，自社の目的や哲学をミッション・経営理念として掲げている。ミッションは，社会におけるその企業の存在意義や使命のことであり，経営理念はどのような経営を行うかという基本的な考えを表すものである。これらは，具体的な目的ではない抽象的で理念的な目的を謳った「この組織（企業）は何のために存在するか」あるいは「組織の中核となる価値観」などを示したものや，創業者の精神や心構えなどの企業に抱く願望を示したものもある。

ミッション・経営理念が提供するものは，組織の価値観である。価値観がなぜ必要かについては次の理由からである。

第一に，経営理念によって企業の目標が明確になり，職員の働く意欲が共有されるからである。

第二に，組織外の関係者に組織の目標を示す役割を持つからである。

第三に，企業に働く人々へのコミュニケーションのベースを提供するからである。

ミッション・経営理念は，自社の目的や哲学を謳ったものであり，その掲げる内容は不変的である。

2．ビジョン

ビジョンは企業のあるべき姿「将来の方向性を構想として示したもの」である。すなわち，「このような企業でありたい」「このような企業として成長したい」というものであり，現状の姿と将来像のギャップを埋めることでもあり，現在と将来の「架け橋」でもある。

企業の経営者はビジョンを掲げることで，企業に働く人々を一体化して，経営方針や行動指針等の組織の基本的価値観について定めたうえで，企業の成長に向けた経営目標に向けた経営活動を行うのである。

3．ミッション・経営理念，ビジョンの意義

企業が短期的にいかに成長を遂げて繁栄したとしても，ステークホルダー（顧客，従業員，取引先，投資家，地域社会等）から共感を得られるような経営理念と経営方針でなければ長期的な存続や発展は望めない。ミッション・経営理念，ビジョンを掲げるには，経営トップ層をはじめとする組織メンバー全員が理念等に適った経営活動を行うことで意味のあるものになる。

企業がゴーイングコンサーン（継続企業の概念）として，永続的な存続と発展を計画すれば，企業の基本的な経営方針や経営目的を明示的に確立する必要がある。激しい経営環境の変化にさらされている現代において，企業内論理では持続的な競争優位を得ることは難しくなっており，様々なステークホルダーに対して自社の経営姿勢を明らかにすることが要求されるようになってきたので

ある。

　ここで企業がミッション・経営理念やビジョンを明らかにする理由は以下に
ある。

---

① 　外部のステークホルダーに対して，企業の存在意義や経営姿勢を明ら
　　かにして共感を得る。
② 　組織メンバーの行動に規律を与える。
③ 　組織メンバーの意思決定の依り所となる。
④ 　組織メンバーにインセンティブを与えモラール向上に資する。

4．企業の経営理念の比較

　大学の授業と大学院の授業で，企業のミッション・経営理念の説明をしたの
ちに，具体的な企業の経営理念の同業種との比較を示すといつも驚きの声が上
がる。ここでは上場企業の経営理念の比較を行い同業種にあっても理念は相当
異なっていることを述べたい。その後，医療に係る企業と医療法人の経営理念
の具体的な比較を行う。

　学生達にとって身近な企業理念の比較として，外食産業のうち，牛丼を中心
とした３企業の経営理念とラーメンを中心とする２企業の経営理念を比較して
みると，同業種でもこれだけ経営理念が違うことがよくわかる。

　吉野家ホールディングスの経営理念は，「すべては人々のために」である。
松屋フーズの経営理念は，「店はお客様のためにあり店は会社の姿である。お
客様は儲けさせてくれない店に用はない。私達が得られる満足の程はお客様が
得た満足の程である」である。そして，ゼンショーホールディングスの経営理
念は「世界から飢餓と貧困を撲滅する」となっている。同じ外食産業で，牛丼
をメニューの中心に事業展開を図っている３社の経営理念の違いが分かって面
白い。

図表 3 - 1

会社	理念
吉野家 HD	すべては人々のために
松屋フーズ	店はお客様のためにあり店は会社の姿である。 お客様は儲けさせてくれない店に用はない。 私達が得られる満足の程はお客様が得た満足の程である
ゼンショー HD	世界から飢餓と貧困を撲滅する
ハイデイ日高	私たちは，美味しい料理を真心込めて提供します。 私たちは，夢に向かって挑戦し，進化し続けます。 私たちは，常に感謝の心を持ち，人間形成に努めます
幸楽苑 HD	我々は我々が提供するラーメンと食を通じて世界中のお客様を幸せにする

出所：各社 Web サイトより

　一方で，ラーメンをメニューの中心に事業展開を行っている 2 社を比較してみる。ハイデイ日高の経営理念は，「私たちは，美味しい料理を真心込めて提供します。私たちは，夢に向かって挑戦し，進化し続けます。私たちは，常に感謝の心を持ち，人間形成に努めます」であり，幸楽苑ホールディングスの経営理念は「我々は我々が提供するラーメンと食を通じて世界中のお客様を幸せにする」である。

　牛丼 3 社とラーメン 2 社の経営理念を比較すると，共通することはお客を大切にすることであり，その次元が顧客だけに留まらずさらに大きなステージを目指しているかの違いが経営理念に表れていると捉えることが出来る。

5．医療機関の設立母体の経営理念

　公的な医療機関の設立母体を比較してみると，その設立目的の違いが経営理念に表れていることがわかる。

　国内 91 病院を運営している日本赤十字社の経営理念は，博愛主義を背景として，いかなる状況下でも，人間のいのちと健康，尊厳を守ります。と述べており，どのような状況下でも健康と尊厳を守ることを謳っていることに特徴が

図表３－２　公的病院等の設立母体の経営理念

日本赤十字社	わたしたちは，苦しんでいる人を救いたいという思いを結集し，いかなる状況下でも，人間のいのちと健康，尊厳を守ります。
済生会	生活困窮者を済（すく）う 医療で地域の生（いのち）を守る， 医療と福祉，会を挙げて切れ目のないサービスを提供
国立病院機構	国民一人ひとりの健康とわが国の医療の向上のために たゆまぬ意識改革を行い，健全な経営のもとに 患者の目線に立って懇切丁寧に医療を提供し 質の高い臨床研究，教育研修の推進につとめます
地域医療機能推進機構	我ら全国ネットの JCHO は地域の住民，行政，関係機関と連携し地域医療の改革を進め安心して暮らせる地域づくりに貢献します
JA 厚生連	組合員および地域住民が日々健やかに生活できるように，保健・医療・高齢者福祉の事業を通じて支援を行うことにより，地域社会の発展に貢献すること
労働者健康安全機構	勤労者医療の充実　勤労者の安全向上　産業保健の強化

出所：各組織の Web サイトより

ある。

　国内 81 病院を運営している済生会は，生活困窮者を済う（すくう），医療で地域の生（いのち）を守る，医療福祉の会を挙げて切れ目のないサービスの提供，を掲げており，生活困窮者を済うことと福祉サービス提供を謳っていることに特徴がある。

　国内 141 病院の運営に係っている国立病院機構は，国民の健康と日本の医療向上のため意識改革を行い，健全経営のもとで質の高い臨床研究と教育研修の推進を謳っており，医療従事者の教育研修の充実を述べている点に特徴がある。

　国内 57 病院を運営している地域医療機能推進機構は，地域医療の改革を進め地域づくりに貢献します，と述べている点に特徴がある。

　JA 厚生連の経営理念は，組合員と地域住民が健やかに生活できるように支援を行い，地域社会の発展に貢献することを述べており，農業協同組合に係る

医療機関運営母体としての特色が出ている。

　国内 32 施設の労災病院を運営している労働者健康安全機構は，経営理念に勤労者医療の充実，勤労者の安全向上，産業保健の強化を謳っている。勤労者に対する医療提供に関して述べていることに特徴がある。

　公的な医療機関の設立母体の掲げている経営理念を比較すると，同じように医療を提供しているにも関わらず，それぞれの組織の設立背景による違いが出ていることが確認できる。

6．民間医療機関グループの経営理念の比較

　国内で複数の医療施設を運営している医療法人4グループと1社会福祉法人の経営理念を比較すると，民間医療機関グループの経営理念は，公的医療機関グループに比べるとかなりシンプルである。

　国内 71 病院を運営している徳洲会グループの経営理念は，命だけは平等だ　である。

　国内 36 病院を運営する IMS グループは，愛し愛される IMS であり，29 病院を運営する戸田中央医科グループと 28 病院を運営する上尾中央医科グループは，患者様から，地域の方々から，職員から愛し愛されることを目指しています。を掲げている。

図表3－3　医療法人等の経営理念

徳洲会グループ	生命だけは平等だ
IMS グループ	愛し愛される IMS
戸田中央医科グループ	患者様から，地域の方々から，そして職員から愛し愛されることを目指しています。
上尾中央医科グループ	患者様から，地域の方々から，そして職員から愛し愛されることを目指しています。
聖隷福祉事業団	キリスト教精神に基づく「隣人愛」

出所：各組織の Web サイトより

　5病院を運営する聖隷福祉事業団は，キリスト教に基づく隣人愛を掲げている。

　民間の医療機関の設立母体である各医療機関グループは統一した経営理念を掲げることで，医療機関を利用する患者と勤務する医療スタッフに理念の浸透を図るべくシンプルな経営理念を掲げていることに特徴がある。

7．病院の経営理念

　経営戦略の策定に当たって，まず全社戦略として企業の経営戦略を掲げることを述べた。そして，一般企業の経営理念と医療機関の設立母体の経営理念の比較を行うことで，各組織の目指す方向性の違いが感じられた。

　病院は，設立母体とは別に病院単独組織としての経営理念を掲げている施設が多い。これは，日本の病院は個人立診療所から発展して個人立病院となり，その後医療法人化になった病院も多く，そもそも設立母体の医療法人の経営理念よりも先に病院の経営理念が存在していたことが背景にある。そのほかに，病院の運営評価を行う病院機能評価が，個々の病院が経営理念を明確にしているかを評価する項目がある。これは，設立母体の医療法人等は経営理念を掲げるだけでなく，個別組織である病院が個別に経営理念を掲げていることが前提になっていると捉えることができる。

コラム　病院の経営理念（ミッションとビジョン）

　病院が組織的に医療を提供するための基本的な活動が，適切に実施されているかどうかを評価する病院機能評価では，組織運営の評価項目の「理念達成に向けた組織運営」の中で，「理念・基本方針を明確にしている」という項目がある。

【評価の視点】

〇理念・基本方針をわかりやすく内・外に示し，病院組織運営の基本としていることを評価する。

【評価の要素】

・理念の基本方針の明文化

・必要に応じた基本方針の検討

・病院の内外への周知

　医療機能評価機構による病院機能評価による評価項目に上記のように病院の経営理念と基本方針を表わしたうえで，病院内組織における周知と病院に来られる患者他への周知がある。そのため，病院機能評価を受診した病院では経営理念の周知が図られている。

　国内の著名病院の経営理念を比較すると，同じ急性期医療を提供する病院の経営理念が大きく異なっていることに改めて気付かされる。

　聖路加国際病院は，英語で理念が記載されており，キリストの愛の力によって患者を治療することを謳っている。亀田総合病院は，幸福への貢献に愛の力を持って最高水準医療を提供することを掲げている。日赤医療センターは，人道・博愛の赤十字精神を原点として生涯生活の維持までの支援サービスを掲げている。日本赤十字社の経営理念よりも赤十字精神を述べている点はむしろ原点に近い経営理念である。済生会中央病院は，済生の精神に基づく思いやりのある保健医療福祉サービスの提供により支援サービスの提供を謳っており，日

図表3-4　病院の経営理念比較

病院の経営理念

聖路加国際病院	This hospital is a living organism designed to demonstrate in convincingterms the transmuting power of Christian love when applied in relief of human suffering.
亀田総合病院	我々は，全ての人々の幸福に貢献するために愛の力をもってつねに最高水準の医療を提供し続けることを使命とする
日赤医療センター	人道・博愛の赤十字精神を行動の原点として 治療のみならず　健康づくりから　より健やかな生涯生活の維持までトータルでの支援サービスを提供します
済生会中央病院	「済生の精神」に基づいた思いやりのある保健・医療・福祉サービスの提供を通じて社会に貢献します
聖隷三方原病院	キリスト教精神に基づく「隣人愛」

出所：各病院のWebサイトより

赤医療センター同様に，設立背景にある済生の精神をより濃く掲げている特徴がある。聖隷三方原病院の理念は，聖隷福祉事業団の経営理念と同じである。これは，聖隷三方原病院がグループのルーツとして発展したことが背景にあると捉えられる。

　各病院は，それぞれの設立の背景を経営理念に色濃く出しており，同じように急性期医療を行っているにも関わらず，これだけ経営理念に違いが生じている。

8．都内大学病院の経営理念

　病院の経営理念で，都内の大学病院本院の経営理念を比較してみると，同じように教育と研究と臨床を行う高度急性期医療を担っている医療施設であるが，大きく異なっていることがわかる。

　医療の提供については，東京大学医学部付属病院は最適な医療の提供を掲げている。慶應義塾大学病院は質の高い安全な医療を提供します。東京医科大学病院は良質な医療を実践します。日本医科大学付属病院は良質な医療を提供します。東京女子医科大学病院は高度・先進な医療を提供する。東京医科歯科大学医学部付属病院は安全良質な高度・先進医療を提供しつづける。昭和大学病院は高度医療の推進。東邦大学医療センター大森病院は，高度先進医療の研究開発の推進を掲げており，各病院の医療提供に関しての考えがわかる。

　医学部の臨床教育を担う教育施設として，医療人の育成を謳っているのは，東京大学医学部付属病院の臨床医学の発展と医療人の育成に努め，慶應義塾大学病院の豊かな人間性と深い知性を有する医療人を育成します。日本医科大学付属病院の優れた医療人の育成に努めます。昭和大学病院の医療人の育成。東邦大学医療センター大森病院の良き医療人を育成し，と5病院が医療人育成を掲げている。

　これら大学病院の中で，順天堂大学医学部付属順天堂医院は，順天堂の「天道に則り，自然の摂理に従う」，東京慈恵会医科大学付属病院の病気を診ずし

図表3－5

東京大学医学部付属病院	当院は臨床医学の発展と医療人の育成に努め，個々の患者に最適な医療を提供する
慶應義塾大学病院	患者さんに優しく患者さんに信頼される患者さん中心の医療を行います。先進的医療を開発し質の高い安全な医療を提供します。豊かな人間性と深い知性を有する医療人を育成します。人権を尊重した医学を通して人類の福祉に貢献します。
順天堂大学医学部付属順天堂医院	順天堂の「天道に則り，自然の摂理に順う」精神で人々の生命を尊重し，人間としての尊厳及び権利を守る。
東京慈恵会医科大学付属病院	病気を診ずして病人を診よ
東京医科大学病院	人間愛に基づいて，患者さんとともに歩む良質な医療を実践します。
日本医科大学付属病院	「つくすこころ」で，良質な医療を提供します。 また，教育の場として，優れた医療人の育成に努めます。
東京女子医科大学病院	患者視点に立って，安全・安心な医療の実践と高度・先進な医療を提供する。
東京医科歯科大学医学部付属病院	安全良質な高度・先進医療を提供しつづける，社会に開かれた病院。
昭和大学病院	患者本位の医療　高度医療の推進　医療人の育成
東邦大学医療センター大森病院	本院は，良き医療人を育成し，高度先進医療の研究・開発を推進することにより，患者に優しく安全で質の高い地域医療を提供します

出所：各病院のWebサイトより

て病人を診よ，東京医科大学病院の人間愛に基づいて，日本医科大学付属病院の「つくすこころ」で良質な医療を提供します。などは設立時の創設者等の思いが伝わる内容となっている。

【ディスカッション】

◎　勤務先組織のミッション，ビジョンについて確認してください。

◎　勤務先組織の職員のミッション，ビジョンの認識度合はいかがでしょうか。

 考えてみよう！

参考文献

網倉久永・新宅純二郎（2015）『経営戦略入門』日本経済新聞社.

伊丹敬之・加護野忠男（1989）『ゼミナール経営学入門』日本経済新聞社.

特定非営利活動法人経営能力センター（2015）『経営学の基本』中央経済社.

第4章

ドメインについて

　ドメイン（domain）という言葉は，本来は領土，範囲，領域などを意味する。野中（1985）は，ドメインを経営学では「諸環境の中で組織体がやり取りする特定領域」であると定義し，企業が行う事業活動の展開領域であり，ドメインを定義することで企業は自ら競争相手と戦っていく土俵を定めたことになると同時に，より本質的には企業の基本的性格を規定することである，と述べている。

　どのような大企業でもすべての事業領域において事業展開を図ることは不可能である。そのため企業はドメインを限定して，企業の持つ限られた経営資源を効率的に配分して事業展開を行っている。企業の基本的なドメインが決まることで，組織の経営トップの焦点が決まると同時に，組織の一体感の醸成が期

図表4−1　企業ドメイン

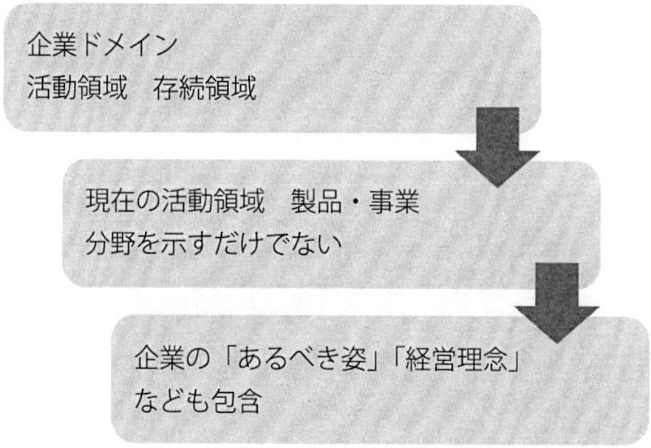

企業ドメイン
活動領域　存続領域

現在の活動領域　製品・事業
分野を示すだけでない

企業の「あるべき姿」「経営理念」
なども包含

出所：筆者作成

待できる。

　ドメインには，ビジョンや企業にとっての理想の側面もある。ドメインを定義することは，現在の活動領域を明確にするだけでなく，将来のまだ事業化されていない，潜在的な事業領域などの将来の進むべき方向性を明らかにするものでもある。

　ドメインを定義することは，企業の全社戦略を策定するうえで最上位に位置する概念であると考える。

1. ドメインを定義する意義について

　企業がドメインを定義するのは，次のような意義があるからである。

> ＜経営資源の蓄積と配分の方針の決定＞
> 　ドメインが定義されたことで，事業展開に必要な経営資源が明らかになる。そこで必要な経営資源の蓄積と同時に，資源配分の方針が決定される。
> ＜組織メンバーに意思決定の指針を与える＞
> 　ドメインの定義を組織内外に伝えることで，企業としての進むべき方向性を示すことができる。
> ＜組織の一体感の醸成＞
> 　ドメインを定義することで，自社の土俵を定めることになり，企業アイデンティティーが明確になる。それにより企業全体で目標の共有が可能になり，組織に一体感が醸成されることになる。

　企業は，多角化に伴い現在のドメインから将来においてドメインを変更することを頻繁に行っている。図表4－3に見られるように，大手日本企業において10年間のうちに，主要な事業ドメインは大きく変わっている。

図表４－２　ドメインの移行

出所：筆者作成

図表４－３　ドメインの変化

	07 年度	17 年度
ソニー	エレクトロニクス	金融
イオン	総合小売り	総合金融
東レ	情報通信材料	繊維
東急	交通	不動産
大成建設	不動産販売	建築
阪急交通	不動産	都市交通
鹿島	都市開発	建築
昭和電工	電子・情報	石油化学
東宝	不動産	映画
日清製粉Ｇ	製粉	食品

出所：日本経済新聞 2018.9.15

２．ドメインの定義方法

2-1　物理的定義と機能的定義によるドメイン定義

ドメインの物理的定義とは，製品やサービスの視点から事業領域を定義したものを呼ぶ。しかし，事業の羅列からは将来の成長の方向性を見出すことはできない。

一方，ドメインの機能的定義とは，製品やサービスそのものでなく，その製

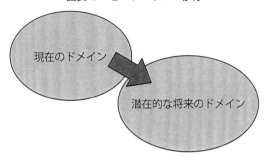

図表4－4　事業定義

企業	物理的定義	機能的定義
ミズーリ・パシフィック鉄道	我々は鉄道を経営する	我々は人々と物資を運ぶ
ゼロックス	我々はコピー機をつくる	我々はオフィスの生産性を改善する
スタンダード石油	我々はガソリンを売る	我々はエネルギーを供給する
コロンビアピクチャーズ	我々は映画をつくる	我々は娯楽をつくる
ブリタニカ	我々は百科事典を売る	我々は情報ビジネスを行う
キャリア	我々は暖房設備をつくる	我々は住居空間を快適にする

出所：Kotler & Keller（2006）邦訳 p.58

品やサービスがどのような機能を提供するかという視点に立って定義したドメインを呼び，これにより将来にわたる展開方向を示し，新たな事業の広がりが見えてくる。

　このように物理的定義と機能的定義を提起したのはレビット（1960）であり，製品や技術は結局，陳腐化するのであるから，より長期的に持続する市場の基本的ニーズに関連させて事業を定義する方が良いと主張した。鉄道会社は自社の事業を輸送業ではなく鉄道業と考えたために衰退し，映画会社は自社の事業をエンタテイメント産業と考えずに映画を製作する産業だと考えたために衰退したと述べている。

　このように既存の事業に捉われすぎて失敗することは「マーケティング近視眼」と言われており，「マーケティング近視眼」に陥らないためには，製品やサービスという面からの物理的定義ではなく，どのような機能を提供するかという視点に立った機能的定義が必要となる。

3．顧客層と技術によるドメイン定義

　顧客層による定義とは，市場や顧客をグループ化して対応する製品やサービスの提供をドメインとするものであり，セグメント基準として地理的基準，ライフスタイル，人口動態基準などがある。マーケティングで行われる STP 戦

略（セグメンテーション，ターゲティング，ポジショニング）のうちの，顧客セグメンテーションにより顧客ターゲティングを明らかにすることが，顧客層による定義に該当する。

　技術による定義とは，企業の中核技術を中心に将来の発展の方向性をドメインとするものである。企業が持つ技術の内容を検討し，この技術が提供可能な事業をドメインとするものである。

　市場が成熟化し顧客ニーズの多様化が進展してくると，ターゲット顧客を顧客層と技術の2軸でドメイン定義をすることも難しくなってくる。

4．顧客層と技術と顧客機能の3つの次元によるドメイン定義

　顧客ニーズの多様化によって，ドメインの定義の次元も高度化するようになってきた。

　エイベル（1980）は，顧客層と技術に顧客機能を加えた3つの次元でドメインを捉える方法を述べている。顧客機能とは顧客が満足するニーズは何であるかを示すものである。ドラッカーは企業の役割に顧客の創造を掲げており，ここでは顧客ニーズの把握が肝要であることを述べている。そしてコトラーはマーケティングの定義を，顧客ニーズに応えて利益を上げることと述べてい

図表4－5　事業定義3次元

```
事業定義　＜顧客層　顧客機能　代替技術＞

＜顧客層＞
　地理的・人口統計軸　消費財セグメンテーション
＜顧客機能＞
　顧客ニーズ　顧客から見た充足すべきニーズ
＜代替技術＞
　自社が提供するサービス技術
```

出所：Abell（1980）邦訳 p.21 に基づき作成

図表 4 － 6　顧客層と技術と顧客機能によるドメイン定義

３次元によるドメインの定義

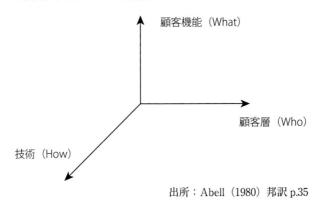

出所：Abell（1980）邦訳 p.35

る。顧客ニーズを把握することは，経営戦略においてもマーケティングにおいても重要なことである。

　顧客層と技術と顧客機能による３つの次元によるドメイン定義は，どのような顧客層に焦点を当て（Who），どのような技術を持って（How），どのような顧客機能ニーズに応えるのか（What），を考えることでドメインが定義できるのである。

　この３次元によるドメインの定義を，自動車会社の例で考えてみると，大衆車を造っている会社の３次元ドメインは次のようなものになる。

顧客機能（What　顧客ニーズ）　安い車が欲しい

顧　客　層（Who　ターゲット顧客）　大衆車購買層　中間所得者層

技　　　術（How　自社技術）　標準的な製造技術

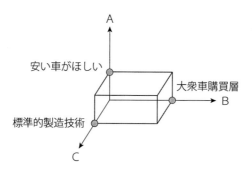

一方で，高級車を造っている会社の3次元ドメインは次のようなものになる。

顧客機能（What　顧客ニーズ）　ステータスとしての高級車が欲しい

顧 客 層（Who　ターゲット顧客）　高級車購入層　富裕層

技　　　術（How　自社技術）　高度な製造技術

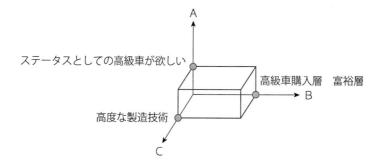

　この3つの次元によるドメインの定義によって，同じ業種であってもターゲット顧客も，提供する技術も，顧客ニーズも異なることが分かる。

　網倉・新宅（2015）は，同じコーヒーショップでもドトールコーヒーとルノアールの比較を通してドメインの違いを述べている。セルフ・サービスのドトールコーヒーは事業コンセプトが「短い一休み」でありターゲット顧客層が忙しいビジネスマンであるのに対して，フル・サービスの喫茶店ルノアール

36

図表 4 － 7　ドトールとルノアールの事業定義

	ドトール	ルノアール
顧客層	忙しい人／時間のない人	ゆっくりしたい人／時間に余裕のある人
顧客機能	短時間に一服（コーヒー・たばこ）	寛ぐ／休憩／集中する 時間と空間がメインで飲食物は副次的
技術	セルフサービスのノウハウ 店舗設計	店舗設計 雰囲気作り 直営店による店舗展開
事業コンセプト	短い一休み（手軽な一服）	落ち着いた時間・空間（ロビー風喫茶店）の提供

は，事業コンセプトは「落ち着いた時間・空間の提供」でありターゲット顧客層はゆっくり過ごしたい人であると述べている。

5．医療機関のドメインの定義

5-1　物理的定義と機能的定義によるドメイン定義

　物理的定義としての医療機関のドメインは，診療機能に合わせて，高度急性期医療，急性期医療，回復期リハビリテーション医療，慢性期医療等の医療事業の領域，あるいは介護事業の領域と定義することができる。

　一方，機能的定義としての医療機関のドメインは，地域医療に貢献して地域住民の健康を守るなどを定義することもできる。

　物理的定義としての診療機能を医療機関のドメイン定義としたのでは，地域医療構想において，例えば，訪問介護事業を行うことや，急性期医療から回復期医療への転換を図る場合に職員や患者等が様々に戸惑うことに繋がる可能性もある。一方，機能的定義として地域医療に貢献することを掲げていた場合においては，医療領域や診療機能に限定することなく，地域医療構想において地域が求める診療機能等に変換も可能になる。

5-2　顧客層と技術と顧客機能による3次元のドメイン定義

　医療機関の3次元のドメインの定義においては，医療機関の診療科別に現在と将来において提供可能な診療技術を分析したうえで，顧客セグメンテーションのうえターゲットとして選定した患者層に対して，患者ニーズに合致した診療機能の提供が可能になる。

　特に高度先進医療の技術が提供可能な医療機関は，ターゲットとなる患者層は二次医療圏に留まらず，三次医療圏あるいはそれ以上の広域からの来院を想定することも可能になる。この場合の顧客機能は当然ながら早期治療回復である。

　3次元のドメイン定義を，循環器領域の疾患を例にあげると，顧客層は循環器疾患を患っている患者層に対して，技術は最先端の心臓カテーテルの技術をもって，顧客機能は，内科的治療による低侵襲による治療を行うことで，顧客層と技術と顧客機能によるドメイン定義ができるのである。

顧客機能（What　顧客ニーズ）　内科的治療による低侵襲による治療
顧　客　層（Who　ターゲット顧客）　循環器疾患を患っている患者
技　　　術（How　自社技術）　最先端の心臓カテーテルの技術

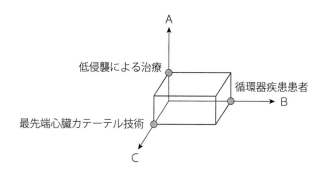

　歯科領域でも，メンテナンスを中心とした予防歯科では，以下のような3次

元ドメイン定義を設定することができる。顧客機能は，口腔の健康を維持し健康で快適な生活が送りたい人々であり，顧客層は，健康意識が高く，口腔の健康が全身の健康に繋がることを認識している人々であり，技術は，歯科衛生士によるメンテナンス中心の予防歯科を行うことと定義することができる。

顧客機能（What　顧客ニーズ）　口腔健康を維持し快適な生活が送りたい

顧 客 層（Who　ターゲット顧客）　口腔健康が全身健康に繋がることを認識している人々

技　　術（How　自社技術）　歯科衛生士によるメンテナンス

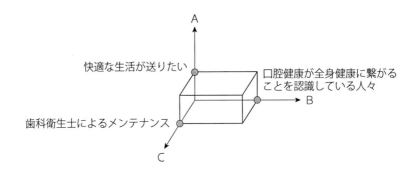

　　次頁のケースの泌尿器科領域における３次元ドメインは，以下のように定義することができる。

顧客機能（What　顧客ニーズ）　生活の質を重視した最善の治療

顧 客 層（Who　ターゲット顧客）　泌尿器科領域の疾患を患っている患者層

技　　術（How　自社技術）　最先端のロボット手術による治療

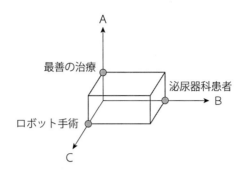

●ケース　ロボット手術による先端医療と患者の希望をかなえる治療を両立

　2019 年 4 月に開院した東京国際大堀病院（三鷹市 35 床）は，手術支援ロボット「ダヴィンチ」による治療と患者の生活を重視した医療提供体制を目指している。同院は泌尿器科疾患を中心に多くの低侵襲治療を手掛けており，7 人の泌尿器科専門医が全員ロボット手術を行える高い技術力を持っている。ダヴィンチを用いたトレーニング症例見学施設として泌尿器科医師を受け入れている。

　基本理念の「世界トップレベルの先端医療の提供」に加えて患者の生活の質を重視した最善な治療に注力している。「小さな病院のよさを活かして患者さんやご家族の希望を聞き，かなえたいと考えています」と大堀院長は話している。4 月から週 5 日手術ができる体制を整えている。

　同院の新たな視点は次のようなものである。

・最新医療と高度な技術による先端医療

・小規模を活かした患者の希望をかなえる治療

・症例見学病院として医師を育成

出所：フェーズ 3　2020 年　5 月号

> **コラム**　聖路加国際病院のドメイン
>
> 　聖路加国際病院が 1925 年頃に病院の目指す事業として「患者に高いスタンダードの治療をする事。看護婦の教育訓練。若い医師の学校卒業者の教育。家庭訪問して医療とその知識を与える社会奉仕。学校衛生へ参加。病院のスタッフの仕事のよき連絡即ちチームワークを行う施設なり」の記載がある（聖路加国際病院八十年史 p.283）。
>
> 　1925 年（大正 14 年）に定めたドメインを 3 次元で定義してみると，以下のように定義できる。
>
> 顧 客 層　患者　　　　　　治療を求める患者，家庭訪問を欲する患者
> 　　　　　医師・看護師　教育
> 顧客機能　高いスタンダードの治療
> 技　　　術　高いスタンダードの治療　病院スタッフのチームワーク　学校衛生
>
> 　これらのドメインは今日の聖路加国際病院のドメインに繋がっている。患者に高いスタンダードの治療を行うことは高度急性期医療を行うことであり，看護婦の教育訓練は看護大学の運営を行うことであり，若い医師の教育から臨床研修指定病院として注力していることとなっている。掲げている事業も 3 次元のドメインで見ると今日のドメインに繋がっていることは興味深いことである。

【ディスカッション】

◎　勤務先組織の事業ドメインについて確認してください。

◎　物理的定義と機能的定義

◎　3 次元による事業ドメイン

考えてみよう！　

参考文献

Abell, D. F.（1980）The Starting Point of Strategic Planning, Pearson Education, Inc.（石井淳蔵訳（2012）『事業の定義：戦略計画策定の出発点』千倉書房）.

Levitt, T.（1960）Marketing Myopia, Harvard Business Review, July-August.

Kotler, P. & K. L. Keller（2006）Marketing Management 12th Edition, Pearson Education, Inc.（恩蔵直人訳（2014）『マーケティング・マネジメント』丸善出版）.
網倉久永・新宅純二郎（2015）『経営戦略入門』日本経済新聞社.
石井淳蔵・奥村昭博・加護野忠雄・野中郁次郎（1985）『経営戦略論』有斐閣.
伊丹敬之（2003）『経営戦略の論理』日本経済新聞出版.

第5章

多角化について

　企業が従来からの事業領域を超えて，新しい製品やサービスをこれまでの市場とは異なる顧客層を対象に事業を展開することが多角化である。

　企業はどうして市場を熟知した既存事業から，未知の新規事業に進出するのであろうか。企業の多角化の動機については次のようなものがある。

　ペンローズ（1959）は，外的要因として企業の会社外に誘因理由が存在する場合について，特定製品への需要の伸長，生産規模拡大を必要とする技術革新，市場内ポジションの改善，独占的優位性を達成できる機会があると述べている。そして，内的要因として企業の会社内に誘因理由が存在する場合は，生産的用役や資源や特別の知識で未使用の分の存在（組織内スラックの存在），精力的・野心的企業者の存在を上げている。

　網倉・新宅（2015）は，既存事業の長期的な停滞，リスク分散，未使用資源

図表5−1　多角化

多角化とは ・本業以外の事業を手掛けるように，従来からの事業領域を超えて，事業領域を拡大することを多角化という 　広義の多角化 　垂直統合（vertical integration）を含む多角化 　狭義の多角化 　事業領域の拡大を意味する

出所：網倉・新宅（2015）p.317

図表5－2　多角化の誘因

外的誘因	企業の会社外に誘因理由が存在する 特定製品への需要の伸長 生産規模拡大を必要とする技術革新 市場内ポジションの改善 独占的優位性を達成できる機会
内的誘因	企業の会社内に誘因理由が存在する 生産的用役や資源や特別の知識で未使用の分の存在 （組織内スラックの存在） 精力的，野心的企業者の存在

出所：Penrose（1959）

図表5－3　多角化の動機

既存事業の長期的な停滞	取扱い製品サービスが，製品ライフサイクルの衰退期を迎え既存事業での今後の成長が期待できない場合，新規成長分野を求め新たな製品市場へ多角化を試みる
リスク分散	単一事業分野の専業企業は，為替水準，需要の周期的変動など外部環境等コントロール不能要因で業績低迷する場合があるリスク分散のため多角化を試みる
未使用資源の有効活用	企業は経営資源，組織能力の集合体であるが，常に企業の保有する資源には余剰が存在する 情報ほか企業活動の結果再生産される資源には余剰が発生しやすく，遊休状態資源を活用して多角化を試みる
範囲の経済	複数種の財サービスを手掛ける場合の費用が，個々の財サービスを単独で手掛ける場合の費用より小さくなる副産物・共通費用が発生原因

出所：網倉・新宅（2015）pp.320-323

の有効活用，範囲の経済，多角化の合成効果を上げている。

　既存事業の長期的な停滞は，取扱い製品サービスが，製品ライフサイクルの衰退期を迎え，既存事業での今後の成長が期待できない場合，新規成長分野を求め新たな製品市場への多角化を試みることが多い。

　リスク分散は，単一事業分野の専業企業は，為替水準，需要の周期的変動な

ど外部環境等コントロール不能要因で業績低迷する場合があるため，複数事業を手掛けることでリスクが分散され，企業活動が安定するからである。

　未使用資源の有効活用は，企業は経営資源，組織能力の集合体であるが，常に企業の保有する資源には余剰が存在している。情報ほか企業活動の結果として再生産される資源には余剰が発生しやすいので，遊休状態にある資源を活用して多角化が試みられる。

　範囲の経済は，複数種の財サービスを手掛ける場合の費用が，個々の財サービスを単独で手掛ける場合の費用より小さくなることであり，共通利用可能な未利用資源の有効活用が発生原因となっている。

1．事業多角化による効果

　事業多角化によって単一事業のみの専業事業では得ることができない多角化合成効果には，相補効果（complementary effect）と相乗効果（synergy effect）がある（伊丹2003）。

　相補効果（complementary effect）は，複数の製品市場分野での事業がお互いに足りない部分を補い合うことで，市場における需要変動や資源制約に対応できるように，企業全体として大きな効果を得ることができたり，効率が向上す

図表5－4　多角化による合成効果

多角化合成効果
相補効果 complementary effect と相乗効果 synergy effect がある

相補効果 complementary effect
複数の製品市場分野での事業がお互いに足りない部分を補い合うことで，市場における需要変動や資源制約に対応できるように，企業全体として大きな効果が得られたり，効率が向上すること
相乗効果 synergy effect
同一企業が複数の事業活動を行うことで，異なる企業が別個に事業活動を行う場合よりも成果が得られること

出所：伊丹（2003）

図表5-5

シナジーの種類	
販売シナジー	流通チャネルや物流施設，ブランドなどの相乗効果
生産シナジー	原材料の一括購入，生産技術の転用による相乗効果
投資シナジー	工場設備の活用や研究成果の共用による相乗効果
経営管理シナジー	経営ノウハウや問題解決方法の活用による相乗効果

出所：経営能力開発センター（2015）p.74

ることである。この効果は次に述べる相乗効果と異なり，直接的な相互作用はない。

相乗効果（synergy effect）は，同一企業が複数の事業活動を行うことで，異なる企業が別個に事業活動を行う場合よりも成果が得られることである。

アンゾフ（1965）は，シナジーについて，企業の資源から部分的なものの総和よりも大きな結合利益を生み出すことのできる効果と述べている。そしてシナジーの種類として販売シナジー，生産シナジー，投資シナジー，経営管理シナジーの存在を述べている。

2．医療機関の多角化

医療法人の多角化は，病院事業単体の運営から，診療所の開設，老人保健施設の開設など，医療機能分化に併せて多角化を進展させた事例が多い。さらに看護専門学校やリハビリテーション専門学校の開設や，関連法人の社会福祉法人による介護施設の運営などにより，医療領域から介護領域まで手掛ける事例も多く見受けられる。

荒井（2017）（日本経済新聞 2014.12.25 記事）によれば，医療法人の多角化では，病院単体を運営するよりも，診療所の運営や，老人保健施設の運営を手掛けた方が，事業利益率が高い傾向にあることを示している。これは，多角化によるシナジーが背景にあり，同一法人内での医療連携により，患者の治療経過に伴い各施設が得意とする診療機能を発揮することができることと，経営管理ノウ

46

ハウを共有することなどから事業利益率が高まっていると捉えることができる。

　医療機関はグループとして医療事業，介護事業，教育研修事業等の多角化に取り組んでいる事例が散見される。医療については，診療機能別に急性期医療を手掛ける病院，回復期医療を手掛ける病院，慢性期医療を手掛ける病院，在宅医療を手掛ける訪問看護部門など運営している。介護領域として，老人保健施設，特別養護老人ホーム，訪問介護部門を手掛けている。そのほかに，医療スタッフの養成施設として専門学校や看護大学，リハビリテーション大学の運営に係っている医療法人グループが見られる。

　筆者の勤務する国際医療法人大学は，関係する医療法人他で医療事業，教育事業，介護福祉事業を手掛けている。

図表5－6　医療法人の多角化

		病院のみ	病院・診療所	病院・老健	病院・診療所・老健	全体
法人数		2,265	663	763	501	4,192
事業利益率		1.4%	2.6%	3.3%	3.0%	2.1%
付帯事業	有り	2.1%	2.0%	3.3%	3.2%	2.6%
	無し	1.0%	3.2%	3.3%	2.4%	1.7%
病院種類別	一般型	0.6%	3.2%	2.2%	2.6%	1.5%
	療養型	1.8%	2.6%	4.8%	4.6%	2.7%
	精神型	1.9%	2.3%	2.8%	3.9%	2.3%
	ケアミックス	1.6%	2.0%	3.3%	2.5%	2.2%

出所：荒井（2017）日本経済新聞 2017.12.25

図表5－7　国際医療法人大学グループ多角化

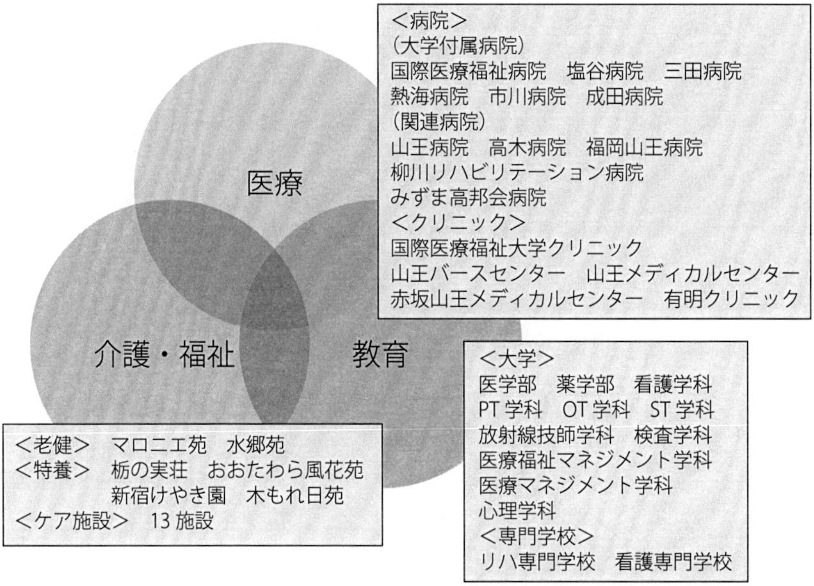

医療

介護・福祉　　教育

＜病院＞
（大学付属病院）
国際医療福祉病院　塩谷病院　三田病院
熱海病院　市川病院　成田病院
（関連病院）
山王病院　高木病院　福岡山王病院
柳川リハビリテーション病院
みずま高邦会病院
＜クリニック＞
国際医療福祉大学クリニック
山王バースセンター　山王メディカルセンター
赤坂山王メディカルセンター　有明クリニック

＜老健＞　マロニエ苑　水郷苑
＜特養＞　栃の実荘　おおたわら風花苑
　　　　　新宿けやき園　木もれ日苑
＜ケア施設＞　13施設

＜大学＞
医学部　薬学部　看護学科
PT学科　OT学科　ST学科
放射線技師学科　検査学科
医療福祉マネジメント学科
医療マネジメント学科
心理学科
＜専門学校＞
リハ専門学校　看護専門学校

出所：国際医療福祉大学パンフレットより筆者作成

3．成長マトリックス

　アンゾフ（1965）は，市場と製品の組み合わせによる「成長マトリックス」というフレームワークによって，企業の成長戦略の類型化を行っている。

図表5－8　成長ベクトル　製品－市場マトリックス

使命（ニーズ）＼製品	現在	新規
現在	市場浸透	製品開発
新規	市場開発	多角化

出所：Ansoff（1965）邦訳 p.137

48

図表5－9　成長マトリックス

市場浸透戦略	既存の市場において，既存の製品・サービスの売上げを伸ばす戦略 大規模キャンペーンによるさらなる拡大　市場シェアを拡大する　需要規模を拡大する
市場開発戦略	自社製品・サービスを今までに購入していなかった顧客層に提供する戦略 販売地域拡大　海外進出 新しい市場へ新しい流通チャネルによる顧客拡大
製品開発戦略	既存市場の顧客層に対して，新たな製品・新たなサービスを提供する戦略 新規の特徴を付け加える。既存商品と異なる製品を開発する。 大きさや色などの異なる追加商品を開発する。 コンビニエンスストアの独自製品（PB ブランド）開発
多角化戦略	新製品や新サービスを，これまでと異なる新たな市場をターゲットとして事業展開するのが多角化戦略 IT 業界の金融業界への進出 さらなる成長を目指す

出所：筆者作成

市場浸透戦略

　既存の製品・サービスを既存の市場において展開する戦略である。既存市場において売上げを伸ばすには，市場シェアを拡大する。需要規模を拡大する。という方向性がある。

市場開発戦略

　自社の製品やサービスを今までに購入していなかった顧客層に提供する戦略である。例えば，首都圏で販売していた製品を北海道で新たに販売することが相当する。

製品開発戦略

　既存市場の顧客層に対して，新たな製品やサービスを提供する戦略である。

新規の特徴を付け加える。既存商品と異なる製品を開発する。大きさや色などの異なる追加商品を開発する。

多角化戦略

　新製品や新サービスを，これまでと異なる新たな市場をターゲットとして事業展開するのが多角化戦略である。

4．医療機関の成長マトリックス

　医療機関において，成長マトリックスによる医療提供サービスを以下のように述べる。市場浸透戦略は，医療機関の立地する地域において，より多くの患者に来院してもらうための市場占有率向上に向けた差別化戦略が相当する。

　市場開発戦略は，現在行っている診療領域の新市場開発を図ることであり，新たな医療機関をこれまでと異なる地域に開設することが相当する。

　医療サービス開発戦略は，現在行っている医療サービス内容を拡大すること

図表5−10　「成長マトリックス」による医療提供サービス

市場浸透（競争戦略）
　市場占有率を増大させるための戦略　差別化戦略

市場開発
　現医療サービスの新市場開発
　（例　診療圏の拡大等）

医療サービス開発
　現医療サービスの内容変更
　（例　対応する疾病の変更等，診療科の増設）

多角化
　医療サービス・市場ともに新しい分野への進出
　（例　介護事業への展開）

出所：筆者作成

であり，診療科の増設や対応する疾病の変更等が相当する。

　多角化戦略は，これまでの医療サービスと市場ともに新しい分野へ進出することであり，これまで医療領域のみを手掛けていた医療機関が介護領域を行うことが相当する。

5．経営資源の配分と PPM（プロダクト・ポートフォリオ・マネジメント）

　企業は成長戦略に基づいて多角化した事業方針を策定する。ここで事業方針の策定には，経営資源の配分への計画が必要になってくる。経営資源のうち資金の配分と事業製品別の戦略を分析する手法として PPM がある。

　PPM は，1970 年代にコンサルタント会社のボストン・コンサルティング・グループによって，クライアント企業からの要請に応えることで開発された。

　PPM は，自社の事業群や製品群について，潜在的な成長率と相対的市場シェアの観点から各事業・製品のポジションを明確にして，企業のキャッシュフローの創出と，どの事業・製品に投下すべきかについての意思決定に関する分析基準を提供する手法である。

6．PPM（プロダクト・ポートフォリオ・マネジメント）

　PPM においては，各事業・製品のポジションは PPM マトリックスを用いて具体的に表現される。PPM マトリックスは，縦軸に事業・製品の属する市場の年間成長率，横軸に事業・製品の相対的市場シェアを取って，自社の事業群や製品群のポジションを描いたものである。

　PPM マトリックスでは，相対的市場シェアの高低と市場成長率の高低によって，事業・製品が 4 つのグループに分類される。4 つのグループにはそれぞれの特徴を表すおもしろい名称が与えられる。

図表5－11　PPMマトリックス

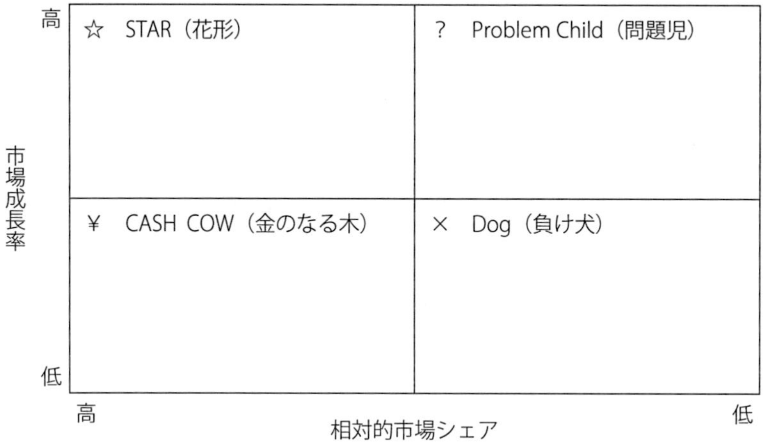

	高シェア	低シェア
高	☆　STAR（花形）	?　Problem Child（問題児）
低	¥　CASH COW（金のなる木）	×　Dog（負け犬）

（縦軸：市場成長率　高→低、横軸：相対的市場シェア　高→低）

花形商品（Star）

　高成長で高シェアのセル。シェアが高いため利益率が高く資金流入も多くもたらすが，成長のための先行投資も必要であり，短期的には資金の創出源とはならない。長期的には成長率の鈍化に伴って「金のなる木」となり，次の「花形商品」を育成する資金源となる可能性がある。

金のなる木（Cash Cow）

　低成長で高シェアのセル。シェアの維持に必要な再投資を上回る多くの資金流入をもたらすので，他の事業群・製品群の重要な資金源となる。

問題児（Problem Child）

　高成長で低シェアのセル。資金流入よりも多くの投資を必要とする部門であり，企業の選択肢として，積極的投資によって「花形商品」へ育成するか，放置して「負け犬」としてポートフォリオから削減するかの戦略を取る。

図表 5 − 12

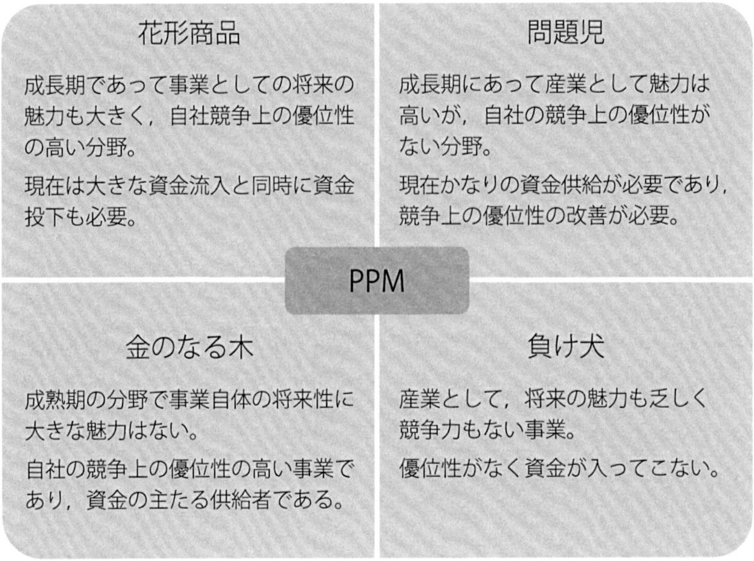

花形商品	問題児
成長期であって事業としての将来の魅力も大きく，自社競争上の優位性の高い分野。 現在は大きな資金流入と同時に資金投下も必要。	成長期にあって産業として魅力は高いが，自社の競争上の優位性がない分野。 現在かなりの資金供給が必要であり，競争上の優位性の改善が必要。
金のなる木	負け犬
成熟期の分野で事業自体の将来性に大きな魅力はない。 自社の競争上の優位性の高い事業であり，資金の主たる供給者である。	産業として，将来の魅力も乏しく競争力もない事業。 優位性がなく資金が入ってこない。

PPM

出所：筆者作成

負け犬（Dog）

低成長で低シェアのセル。収益性は長期的に低水準であるが，市場成長率も低いため資金流出も少ない。

7．PPM から見るこれからの戦略

事業群・製品群の配置から，今後の事業群・製品群は何をなすべきか示唆してくれる。それは次の 4 つの代案がある。

拡大せよ（build）

ここでの目的は，短期的に利益を損なっても事業群のシェアを拡大することである。この代案は「花形商品」になるためにシェア拡大を図る「問題児」にとって適切な対策である。

図表 5 − 13　PPM から見るこれからの戦略

拡大せよ（build）	ここでの目的は，短期的に利益を損なっても事業群のシェアを拡大することである。 この代案は「花形商品」になるためにシェア拡大を図る「問題児」にとって適切な対策である。
維持せよ（hold）	ここでの目的は，事業群の市場シェアを維持することである。特に継続的に大きな資金流入をもたらす「金のなる木」に適切な対策である。
収穫せよ（harvest）	ここでの目的は，長期効果にかかわりなく短期資金流入を増大することである。将来性は分からないが，そこからより多くの資金流入が必要な弱い「金のなる木」に適切な対策である。同様に「問題児」「負け犬」にも使える。
撤退せよ（divest）	ここでの目的は，資源を他で有効に使うために事業を売却するか清算することである。これは，「負け犬」以外にも，会社の将来成長のために資金投入見送りを決めた「問題児」にも適応できる。

出所：筆者作成

維持せよ（hold）

　ここでの目的は，事業群の市場シェアを維持することである。特に継続的に大きな資金流入をもたらす「金のなる木」に適切な対策である。

収穫せよ（harvest）

　ここでの目的は，長期効果にかかわりなく，短期資金流入を増大することである。将来性は分からないが，そこからより多くの資金流入が必要な弱い「金のなる木」に適切な対策である。同様に「問題児」「負け犬」にも使える。

撤退せよ（divest）

　ここでの目的は，資源を他で有効に使うために事業を売却するか清算することである。これは，「負け犬」以外にも，会社の将来成長のために資金投入見送りを決めた「問題児」にも適応できる。

図表 5 - 14　PPM

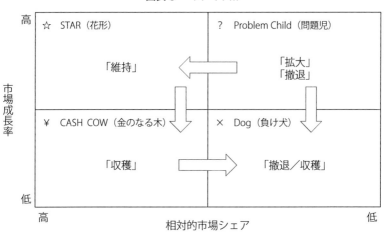

各事業群・製品群は，ライフサイクルを持っている。PPM マトリックスの上を経時的に移動する。事業群の多くはまず初めに「問題児」で出発し，やがて成長に伴って「花形商品」となり，成長率の鈍化につれて「金のなる木」となり，やがては「負け犬」となろう。

┌─【ディスカッション】─────────────────
│
│　◎　所属する組織の多角化の状況について論じてください。
│
│　◎　多角化を行った理由について論じてください。
│
│　　　　　　　　　　　　　　　考えてみよう！
└────────────────────────

参考文献

　　Ansoff, H. I. (1965) Corporate Strategy, McGraw-Hill, Inc（広田寿亮訳（1969）『企業戦略論』産業能率大学出版部）.

　　Penrose, E. T.（1959）The Theory of The Growth of The Firm, Oxford University Press（末松玄六訳（1962）『会社成長の論理』ダイヤモンド社）.

網倉久永・新宅純二郎（2015）『経営戦略入門』日本経済新聞社.

石井淳蔵・奥村昭博・加護野忠雄・野中郁次郎（1985）『経営戦略論』有斐閣.

伊丹敬之（2003）『経営戦略の論理』日本経済新聞出版.

特定非営利活動法人経営能力センター（2015）『経営学の基本』中央経済社.

56

第6章

競争戦略論

　経営戦略論の階層の中で，全社戦略より下位に位置づけられる事業戦略論は，企業グループが展開するいくつかの事業のうちの1つの事業の戦略を分析するものである。

　これを具体的にヘルスケア機関に置き換えると，ヘルスケア機関を運営するグループにとっての事業戦略は，病院経営あるいは診療所経営や介護施設経営が相当する。

　競争戦略論は大きくは，企業が獲得する利益の源泉について，企業の外部からの分析を重視するか，企業の内部からの分析を重視するかの2つに分かれる。

　事業の外部要因の分析を重視する考えを，ポジショニング・アプローチという。ポジショニング・アプローチによる分析方法は，企業が所属する業界の構

図表6－1　競争優位の源泉

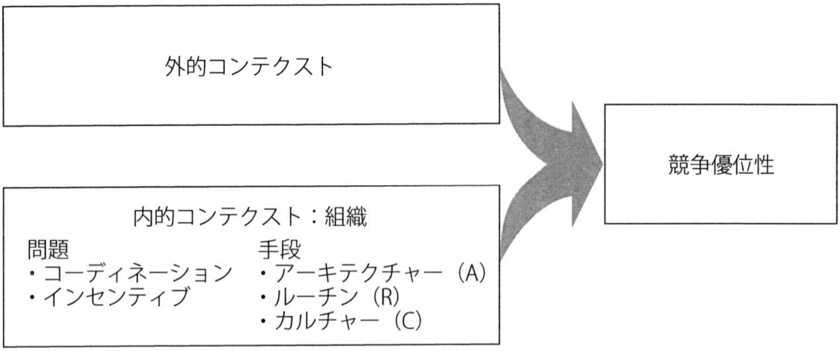

外的コンテクスト

競争優位性

内的コンテクスト：組織
問題　　　　　　　　手段
・コーディネーション　・アーキテクチャー（A）
・インセンティブ　　　・ルーチン（R）
　　　　　　　　　　　・カルチャー（C）

出所：Saloner 他（2001）邦訳 p.83

造分析などの外部環境要因を重視する考えである。

　一方，企業の事業内部の分析を重視する考えは，資源ベース・アプローチという分析方法によって，企業の内部経営資源要因や企業の組織能力要因の影響を検証するものである。

　この競争戦略論の事業の外部要因と内部要因のどちらかを重視するかについて，青島・加藤（2003）は，松井秀喜元巨人軍選手を事例に上げて次のように説明している。

　「松井元選手は巨人軍に在籍したときなぜ高額の年俸を獲得できたのであろうか？　これに対してポジショニング・アプローチから見ると，「プロスポーツで野球を選んだからと，巨人軍の選手であるため」としている。同じプロスポーツでもJリーガーであれば，それほどの年俸は得られなかっただろうし，同様に同じプロ野球選手であっても，広島の選手であったらそれほどの年俸は得られなかったであろう。それに対して，資源ベース・アプローチからみると，「ホームランを量産できる卓越した打撃力があるから」という，身体能力の高さがあったことを高い年俸を得られたことの要因としてあげている。同じ巨人軍の選手でも年俸に大きな差があることの説明に，外部要因であるポジションでは全て説明できず，内部要因である身体能力の差も要因として必要である」ことを説明している。

図表6-2　松井秀喜選手の成功要因

ポジショニングアプローチ	資源ベースアプローチ
プロスポーツのうち野球を選んだから	ホームランを量産できる卓越した打撃力がある
巨人軍の野手だから	

出所：青島・加藤（2003）p.87

　さらに，楠木（2012）は，元大リーガーイチロー選手の事例からポジショニング・アプローチと資源ベース・アプローチを説明している。

　「ポジショニング・アプローチからは，そもそも野球を選択した。メジャー

図表6－3　イチロー選手の成功要因

ポジショニングアプローチ	資源ベースアプローチ
野球を選択した	独自の練習 ルーティン
ポジションが外野手	打撃技術
メジャーリーグに移籍した	精神力
マリナーズを選択後 ヤンキースに移動した	俊足　選球眼
WBC 日本に参加した	献身的な妻の存在

出所：楠木（2012）

リーグに移籍し，マリナーズを選択した。そして外野手を選択した。という活躍する場所の選択が良かったことを上げている。次に資源ベース・アプローチとして，高い打撃技術と選球眼を持ち，俊足であること。強い精神力を持ち，独自の練習ルーティンを行っていること」などイチロー選手の持つ身体能力と練習方法などの内部要因を上げている。

　筆者が，大学の講義でポジショニング・アプローチと資源ベース・アプローチの説明で，タレントの指原莉乃さんの活躍について学生たちから意見を求めたところ，次のような答えがあった。「ポジショニング・アプローチからは，そもそも芸能界に入った。そしてAKBグループに所属して，HKTに移籍した。バラエティ番組内の立ち位置などを上げている。一方の資源ベース・アプローチとして，話芸がある。TV番組内の当意即妙の会話ができる。ファンサービスが熱い。プロデュース力が凄い」という意見が出ている。

　このポジショニング・アプローチと資源ベース・アプローチの違いを，行列のできる飲食店を例に上げることでより理解が深まると思う。

　いつも行列のできているお店の立地条件はどうだろうか？　そもそも提供するのは何料理で，お店の立地は交通の便が良く，大通りに面した，通行量の多い1階にある，のであればポジショニング・アプローチの優位性があると言えよう。

　一方で，味が美味しい，ボリュームがある，店の雰囲気が良い，スタッフの

図表6－4　指原莉乃の成功要因（レギュラー番組の多さ）

ポジショニング	資源ベース
芸能界に入った	芸人と絡みで物おじしない
AKBグループに入った	NGが少ない
HKTに移籍した	トークがうまい
独自の経歴 （スキャンダルの逆利用）	ファンサービスがあつい
バラエティ番組内の立ち位置 アイドルらしくないギャップ	

出所：2019.6.13　成田保健医療学部　組織運営管理論受講者意見

図表6－5　行列のできる飲食店

ポジショニング	資源ベース
提供するのは何料理	味が美味しい
交通の便が良い	ボリュームがある
大通りに面している	店の雰囲気が良い
通行量の多い1階に立地	スタッフのサービスが良い

出所：筆者作成

サービスが良い，のであれば資源ベース・アプローチに優位性があると捉えることが出来る。

　このように，スポーツ選手やタレントや飲食店の成功もポジショニング・アプローチと資源ベース・アプローチから分析することができるのである。

　但し，企業の外部環境要因と企業の内部経営資源要因は，どちらの方が企業利益により多くの影響を及ぼすかについては，すでに先行研究で明らかになっている。

　グラント（2007）は，「一般事業会社の業績に及ぼす影響は，企業の外部環境要因より個別企業要因である内部要因の影響が大きいとする先行研究が多い。一般事業会社の業績に，外部要因の業界構造要因は僅かな影響しか及ぼしていない」と述べている。

　Schmalensee（1985）は，1975年単年の米国連邦取引委員会の製造業のビジ

図表6－6　企業の利益率の要因（外部要因と内部要因）

研究者	利益率の差異説明要因		
	産業効果	企業独自の要因	説明出来ない差異
Schmalensee（1985）	19.6%	0.6%	79.9%
Rumelt（1991）	4.0%	45.8%	44.8%
Mcgahan & Porter（1997）	18.7%	36.0%	48.4%
Hawawini et al.（2003）	8.1%	35.8%	52.0%
Misangyi et al.（2006）	7.6%	43.8%	N.A
小本（2008）	5.5%	51.0%	43.5%

出所：Grant（2007）に小本（2008）を加筆

　ネスラインのデータを用いて検証を行った結果，企業の利益率の分散の20％
は産業要因で説明され，企業個別要因は1％未満の説明力であったという結果
を得ている。

　Rumelt（1991）は，米国連邦取引委員会の製造業のビジネスラインのデータ
を単年度ではなく1974年から1977年の4年間の複数年のデータを用いること
で，市場シェアではない全ての企業要因を分析できる手法により，Schmalensee
（1985）とは異なる企業要因が45.8％，産業要因が4％という結果を得ている。

　Mcgahan & Porter（1997）は，1981年から1994年までの金融を除く全業種
を対象に分析を行ったところ，企業要因で36.0％が説明され，産業要因は18.7
％であったとしている。

　Hawawini et al.（2003）は，これまでの研究が分析対象を総資産利益率（ROA）
としているのに対して，税引後利益から資本コストを差し引いた経済的利益と
企業価値を分析対象として分析を行っている。分析の結果は，35.8％は企業要
因によるもので，産業要因は8.1％となっている。

　Misangyi et al.（2006）は，これまでの研究が分散成分分析（Variance Com-
ponent Analysis）であったのに対して，マルチレベル分析（Multilevel Analysis）
を用いて分析を行い，その分析結果は，43.8％が企業要因であり，産業要因は
7.6％であった。

　これら一連の研究の中で，Rumelt（1991）は，次のように述べている。「Schmalensee の研究は，産業要因が最も重要で，企業要因やマーケットシェアは弱いとしているが，本研究は，産業要因の影響は小さく，事業領域の影響が大きいことを検証した。このことは経済的な rent を得る最も重要な資源は，事業特有にあり，特定の産業に属することはそれほど重要ではない。」

　一方，Mcgahan & Porter（1997）は，次のように述べている。「産業要因は，企業収益に影響を及ぼしており，企業収益の 19％は産業要因で説明できること，企業収益の 36％が企業要因の変数である。そして産業要因の影響は，企業要因や事業要因よりも時間を掛けて永続的であることを検証した。このことは，産業要因の変化が相対的に緩やかなことによる。この結果は，急激な経済状況の変化は，産業要因の影響を減少するという説を支持するものではない。資源ベース・アプローチが強調する，組織は異質であるということは，有意であるものの，産業要因と企業が有する優位性を切り離すことは見当違いである。」

　Rumelt と Mcgahan & Porter が述べる産業要因の重要性は対照的である。しかし，Mcgahan & Porter は，産業要因の重要性を強調するものの，企業収益に及ぼす産業要因の影響は少ないものとなっている。

　わが国の研究を見ると，小本（2008）の研究がある。小本は，わが国の東京証券取引所に 1999 年から 2006 年まで連続して上場している 829 社を対象に，分散成分分析を行った結果，個別企業の利益率に与える要因は，個別企業要因が 51％であるのに対して産業要因は 5.5％であり，利益率の格差は企業要因が半分を占めており，企業の異質性が重要な要素であるとしている。

　製造業とサービス業を対象にした企業の利益率の決定要因は，企業を取り巻く業界構造よりも個別企業要因の方が高かったという研究がある。米国および，わが国の先行研究では，単年度データを用いて，企業要因を市場シェアのみで測定した Schmalensee（1985）の研究を例外として産業要因よりも企業要因の影響が大きいという研究結果が得られている（小本，2008）。

　これら一連の先行研究の結果は，一般企業においては，個別企業業績に及ぼ

す影響は，企業を取り巻く外部環境である業界構造よりも，企業内部の個別企業要因の方が大きい，という結果が検証されている。これは，一般企業の持続的な競争優位の源泉は，企業の外部環境にあるとするポジショニング・アプローチよりも，企業の内部にあるとする資源ベース・アプローチが優位であると捉えることができる。

【ディスカッション】

◎ 所属する企業の成功要因は，ポジショニングと資源ベースのどちらの影響が大きいでしょうか。

◎ よく行く飲食店についてポジショニングと資源ベースについて論じてください。

考えてみよう！

参考文献

Grant, R. M. (2007) Contemporary Strategy Analysis, Blackwell Publishing Ltd.（加瀬公夫訳 (2008)『グラント現代戦略分析』中央経済社）.

Hawawini, G., V. Subranian & P. Verdin (2003) "Is Performance Driven by Industry- or Firm-Specific Facters? A New Look at The Evidence," Strategic Management Journal, Vol.24, No.1, pp.1-16.

Mcgahan, A. M. & M. E. Porter (1997) "How Much Does Industry Matter, Really?," Strategic Management Journal, Vol.18, No.S1, pp.15-30.

Misangyi, V. F., H. Elms, T. Greckhamer & J. A. Lepine (2006) "A New Perspective on a Fundamental Debate: A Multilevel Approach to Industry, Corporate, and Business Unit Effects," Strategic Management Journal, Vol.27, No.6, pp.571-590.

Rumelt, R. P. (1991) "How Much Does Industry Matter?," Strategic Management Journal, Vol.12, No.3, pp.167-185.

Saloner, G., A. Shepard & J. Podolny (2001) STRATEGIC MANAGEMENT, John Wiley & Sons, Inc.（石倉洋子訳 (2002)『経営戦略論』東洋経済新報社）.

Schmalensee, R. (1985) "Do Markets Differ Much?," The American Economic Review, Vol.75, No.3, pp.341-351.

青島矢一・加藤俊彦（2003）『競争戦略論』東洋経済新報社.

小本恵照（2008）「企業経営に与える産業要因と企業要因の相対的影響」『ニッセイ基礎研究所所報』Vol.49, pp.16-38.

楠木建（2012）『ストーリーとしての競争戦略』東洋経済新報社.

――― 第7章 ―――

ポジショニングについて

　ポジショニングは，企業にとってそもそも参入する業界を決定することであり，その後参入した業界内における位置取り（ポジション）を決定することである。業界内の位置取りは，企業の戦略によって戦略グループに分けられる。

1．外部環境要因の分析（ポジショニング・アプローチ）

　企業の持続的競争優位の源泉を，企業の外部の環境に見るポジショニング・アプローチの代表的な研究者はマイケル・ポーターである。

　ポーター（1980）が唱える業界の構造分析方法には，ファイブ・フォース・モデル（5つの競争要因（5Forces））がある。この5つの競争要因は，参入するべき業界の構造分析を通して，収益率の高い魅力的な業界と，競争が激しく収益率の低い非魅力的な業界を分析する仕組みである。5つは，①新規参入の脅威，②代替製品の脅威，③買い手の交渉力，④売り手の交渉力，⑤競争業者間の敵対関係，があり，この5つの競争要因によって業界の収益率が決まると述べている。これは，5つの競争要因が強い（弱い）ほどその業界の収益性は低い（高い）ということである。そのため，業界の競争要因からうまく身を守り，自社に有利な位置を業界内に見つけることが必要であるとしている。

　資源ベース戦略論のバーニー（2002）も，5つの競争要因（5Forces）モデルは，経営の外部環境に存在する最も普遍的な脅威の源泉を示しており，各業界における脅威を具体的に明らかにできるとして，5つの競争要因（5Forces）モデルによる，外部環境の分析の有効性を述べている。

図表7－1　ポジショニング

・そもそも参入する業界の決定
　業界の競争構造分析
　M. E. Porter
　5Forces（5つの競争要因）

・業界内の位置取り（ポジション）決定
　業界内の戦略の違い
　戦略チーム
　トレードオフ（何を行い，何を行わないか）

出所：筆者作成

図表7－2　ポジショニング

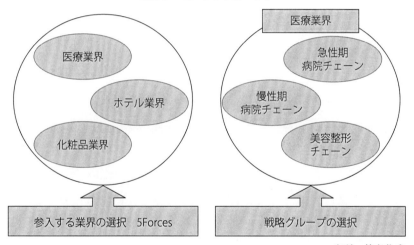

出所：筆者作成

① 新規参入の脅威

　ある業界に他の業界から新たに参入することによって，競争が激しくなることから，既存業者の販売価格が低下するか，製造コストが高まり，結果として収益が低下する。新規参入の脅威がどれくらいあるかは，参入障壁がどのくらいあるいは既存業者の反撃の大きさによって決まる。参入障壁が堅固であり，防備を強化した既存業者からの鋭い反撃が予想される場合は，当然ながら新規参入の脅威は小さくなる。

66

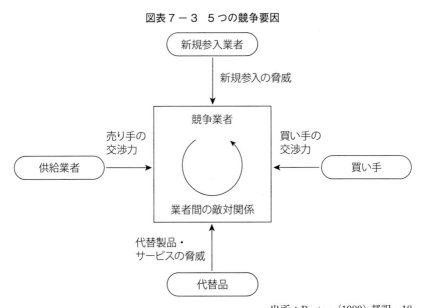

図表7－3　5つの競争要因

出所：Porter（1980）邦訳 p.18

図表7－4　5FORCESの構造的決定要素

出所：Grant（2007）

② 代替製品の脅威

　業界内のすべての企業は，代替製品を生産する他の産業と広い意味での競争を続けている。代替製品は，現在の製品と同じ機能を果たすことができる他の製品を意味する。

　それらのうち注意が必要な代替製品は，現在の製品よりも価格帯製品性能の比率がよい製品，あるいは高収益をあげている業界が生産している製品であり，この代替製品の改良で，業界の競争が激化することで，既存業界へのかく乱に繋がることもある。

③ 買い手の交渉力

　買い手は，価格の値下げを迫ったり，もっと高い品質やサービスを要求したり，売り手同士を競い合わせたりして，業界の企業収益を下げる行動を行う。

　買い手がどれだけ力を持つかは，市場状況の特性に決まる他，買い手の業界全体に占める購入割合によって決まってくる。次のような場合は買い手の力は大きい。買い手が集中して大量の購入をする場合，買い手の力は大きい。買い手の購入する製品が標準品などでいつでも代わりの供給業者を見つけられる。取引先を変えるコストが安いと，買い手はいつでも供給業者を変えることができるので，買い手の力は大きくなる。買い手が川上統合に乗り出す姿勢を示すことで，買い手の力は強くなる。

④ 売り手の交渉力

　売り手である供給業者は，買い手に対して価格を上げる，あるいは品質を下げるということで交渉力を高めることができる。力のある売り手は力の弱い買い手業界から収益を奪うことができるのである。

　供給業者の力を強める条件は，買い手に力を与える場合に似ており，次のような場合に売り手の力は強くなる。売り手の業界が少数の企業によって支配されており，買い手の業界よりも集約されている場合，価格品質取引条件の面で強力な力を発揮する。買い手が供給業者にとって重要な顧客でない，あるいは

68

図表7－5　5Forces

新規参入の脅威 業界に他業界から新規参入することで競争が激しくなり，結果として収益が低下する。 新規参入の脅威は，参入障壁がどのくらいあるか，既存業者の反撃の大きさによって決まる。
代替製品の脅威 代替製品は，現在の製品と同じ機能を果たすことができる他の製品を意味する。 代替製品の改良で，業界の競争が激化することで既存業界へのかく乱に繋がることもある。
買い手の交渉力 買い手は，価格の値下げを迫ったり，もっと高い品質やサービスを要求したり，売り手同士を競い合わせる等で企業収益を下げる行動を行う。買い手がどれだけ力を持つかは，市場の特性に決まる他，買い手の業界全体に占める購入割合によって決まってくる。
売り手の交渉力 売り手は，買い手に対して価格を上げる，あるいは品質を下げるということで交渉力を高める。供給業者の力を強める条件は買い手に力を与える場合に似ており，供給業者が川下統合に乗り出す姿勢を示す場合に供給業者の力は強まるのである。
競争業者間の敵対関係 既存業者間の敵対関係の激化は様々な構造的要因によって引き起こされる。同業者が多く，似たような規模の会社がたくさん存在する場合，業者間のせめぎあいは激しくなり，経営は不安定となる。

出所：筆者作成

　供給業者の製品が買い手にとって重要な仕入品である。供給業者の製品が特殊な製品であり，他の製品に変更すると買い手のコストが増す場合。供給業者が川下統合に乗り出す姿勢を示す場合に，供給業者の力は強まるのである。

⑤　競争業者間の敵対関係

　既存業者間の敵対関係は，価格競争，広告競争，新製品の導入，顧客サービスの拡大などの戦術を駆使して，市場地位を確保しようという形を取る。

　既存業者間の敵対関係が激化するのは様々な構造的な要因によって引き起こされるが，次のような場合に起こる。同業者が多く，似たような規模の会社がたくさん存在する場合，業者間のせめぎあいは激しくなり，経営は不安定となる。一方業界の寡占状態が高い場合は，業界のリーダー企業による競争に一定の規律を与える調整の役割によって業界の収益性は安定する。

　業界の成長が遅いと市場シェア拡大に努める企業間のシェア争奪競争を引き

起こし，結果として収益性が低くなる。製品差別がなく買い手を変えるのにコストが掛からない場合，買い手による選択は，価格の安さとサービス内容によるため価格競争が出現し，競争は激烈になる。

　業界の構造分析によって，業界内の企業にとって魅力的な業界（もうけられる）業界と非魅力的な業界（もうけられない）を検証することができる。
　モンゴメリー（2012）は，ファイブ・フォース・モデルを用いて，業界の構造分析として魅力的な業界と非魅力的な業界を分析している。
　魅力的な業界は，企業間の競争意識は低く，供給業者の影響力は弱く，顧客の影響力は弱く，参入障壁・撤退障壁が高く，代替品が得にくいと述べ，業界内は少数の個性的な企業が支配し，参入障壁の高い業界をあげている。

図表7－6　業界の構造分析

非魅力的な業界		魅力的な業界
高い 似たような商品多い 新製品はすぐコピーされる 業界の成長遅い 商品過剰気味	企業間の競争意識	低い 少数の個性的企業が支配 製品に独自性あり ブランド力強い，業界全体成長早い，商品不足気味
強い 供給業者少なく，その製品の独自性高い 供給業者は他に強力な収入源を有する	供給業者の影響力	弱い 多くの供給業者が同質の製品を作っている。供給は過剰気味，供給業者間の価格競争激しく手ごろな価格で入手可能
強い 同様の製品が多く代替可能 ブランド認知低い　容易に切り替え可能　購買頻度少ない	顧客の影響力	弱い 製品は幸せな生活に不可欠だが不足気味，代替難しい客の選択肢は限定的　ブランド認知強
低い 参入しやすく撤退しやすい 既存企業の模倣が容易，専門知識を持たない小規模企業が少額設備で参入可能	参入障壁・撤退障壁	高い 参入しにくく，参入しても利益計上は難しい。企業規模，巨額な設備投資，当局の許可，専門知識，経験が必要
得やすい 顧客ニーズに応える妥当な価格の代替品がある	代替品	得にくい 顧客ニーズに応える妥当な価格の代替品が少ないか，全くない

出所：Montgomery（2012）

図表7-7 業界別経営指標

	製造業平均	小売業	製薬会社	大手製薬会社	医薬品卸売	医薬品小売	調剤薬局	私的病院	特養ホーム	有料老人ホーム
売上総利益率	21.0%	30.2%	24.6%	69.7%	8.0%	34.7%	32.5%	76.9%	95.4%	75.9%
売上高営業利益率	3.8%	0.0%	7.6%	19.0%	0.8%	0.3%	2.3%	3.5%	13.5%	9.2%
売上高経常利益率	4.3%	0.5%	7.5%	21.2%	1.2%	0.8%	2.5%	1.9%	13.0%	8.1%

出所：業界指標に基づき筆者作成

　一方で非魅力的な業界は，企業間の競争意識は高く，供給業者の影響力は強く，顧客の影響力は強く，参入障壁・撤退障壁が低く，代替品が得やすいと述べ，業界内は商品過剰気味で成長が鈍化し，参入障壁の低い業界をあげている。

　ある業界に属する企業にとって魅力的な業界とは，業界内の競争は緩やかであり，取引先企業からの要求と得意先からの要求が厳しくない業界であって，結果として収益性が高い業界を意味している。

　業界（業種）によって平均的な収益率は異なっている。上表は業種別の平均的な利益率を表している。粗利益を表す売上総利益率，本業での利益を表す売上高営業利益率，経営成績を表す売上高経営利益率は，各業界の利益率の違いを表しており，業界に属する企業にとって魅力的な業界である収益性の高い業界と，非魅力的な業界である収益性の低い業界があることが分かる。

2．ヘルスケア業界の業界分析

　わが国のヘルスケア業界の業界分析はどのようなものか，尾形（2010）は5つの競争要因（5Forces）を用いて日本の医療の現状を述べている。

①　新規参入の脅威

　ヘルスケア業界については，他の産業に比べ制度的な参入障壁が大きいのが特徴に上げられる。営利企業の参入は原則として禁止されており，医療計画による病床規制など，結果的に既存の医療機関を保護し，新規参入の規制に繋がっている措置が多い。わが国の医療業界は新規参入の脅威は他の産業に比べて

図表 7 － 8　医療業界の 5Forces

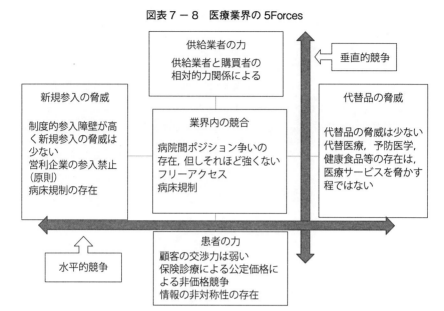

出所：尾形（2010）に基づき筆者作成

図表 7 － 9　5Forces　医療業界分析

新規参入の脅威	制度的参入障壁が高く新規参入の脅威は少ない 営利企業の参入禁止（原則） 病床規制の存在
顧客の交渉力	顧客の交渉力は弱い 保険診療による公定価格による非価格競争 情報の非対称性の存在
代替品の脅威	代替品の脅威は少ない 代替医療，予防医学，健康食品等の存在は，医療サービスを脅かす程ではない
供給業者の交渉力	供給商品，供給業者次第
競合業者間の競争	病院間ポジション争いの存在，但しそれほど強くない フリーアクセス 病床規制

出所：尾形（2010）pp.30-33

大きくない現状にある。

② 代替製品の脅威

　もともと医療サービスを代替する製品やサービスの範囲と内容は限られており，完全に代替できるような性質のものはない。医療の代替製品・サービスの一例として，市販薬（医師の処方箋を必要としない薬）や健康診断等の予防的なサービス，健康食品，サプリメントなどがあげられる。これらは一面では医療サービスを代替する側面もあり，医療機関で受診するよりも気軽に購入やサービスを受けられることも多いと思われる。しかしながら，これらが本格的な医療である入院手術を代替するような性質のものではない。

　このような製品やサービスが，既存の医療サービスを代替するような脅威には現状ではなっていない。

③ 買い手の交渉力

　医療サービスの買い手は個々の患者などであり，医療サービス提供側との情報の非対称性による情報のギャップはきわめて大きい。そしてわが国の医療サービスの大半は医療保険によって公定価格となっており，買い手による価格交渉の余地はない。このようにわが国の医療業界においては，他の産業に比べて顧客の交渉力は相対的に弱いと言える。

④ 売り手の交渉力

　わが国の医療業界において，売り手の交渉力は相対的な力関係で決まる。国際的に事業展開している医薬品・医療機器メーカーは，製品の独自性や差別化度合いも大きく，強い交渉力を有する場合が多い。一方，給食，清掃，滅菌サービスなどの医療関連サービスの供給業者は，提供サービスの独自性や製品差別化もあまりないものが多く，相対的な交渉力は弱い。このように医療業界における売り手の交渉力はケースバイケースである。

⑤　競争業者間の敵対関係

　わが国の医療業界においてある程度は存在する。病床規制の存在によって，病院の新設増設は規制されているものの，全国 2 次医療圏の大半は病床過剰医療圏であり，地域的に厳しい競争に直面している医療機関も少なくない。但し，医療業界においては地域医療連携などにより患者を紹介しあうなどの体制が構築されており，他産業にくらべれば競争業者間の競合関係は弱いと言える。

　このように，5 つの競争要因による基本的な分析枠組みにより，わが国の医療サービスに関する基本的な競争要因を分析した結果は，他産業に比べそれほど強くないと言えるものである。供給業者の交渉力や業界内競争業者間の競合など，競争要因は見られるものの，他の競争要因は相対的に弱いことなどが要因となっている。

　このことは，医療業界の収益性は相対的に高い水準にあると言えるのである。これは，医療は非営利であると言われ，収益性の追求が必ずしも目的ではないものの，他産業に比べて高い収益性を得ることが可能な業界であることを意味している。

3．ポジショニング・マップについて

　参入した業界内における位置取り（ポジション）は，企業の戦略によって戦略グループに分けられる。1 つの業界内に戦略グループが形成される理由は，企業能力や企業の所有する経営資源に違いがあること，そもそもの企業の目指す目標が異なることに起因する。

　業界内の戦略グループの状況を表すものにポジショニング・マップがある。このポジショニング・マップは，業界内での競争を図示するための有効な方法であり，業界内競争状況を理解するのに役立つ。

　マッピングする際の縦軸と横軸は，分析者が選択することになるが，業界内の戦略グループの違いを表すものを選ぶ方が理解しやすい。

　図表7 - 11 は，コーヒーショップ業界内の戦略グループ別のポジショニング・マップである。縦軸はコーヒー一杯の単価を表し，横軸はコーヒーショップの雰囲気を表している。

図表7 - 10　ポジショニング・マップ

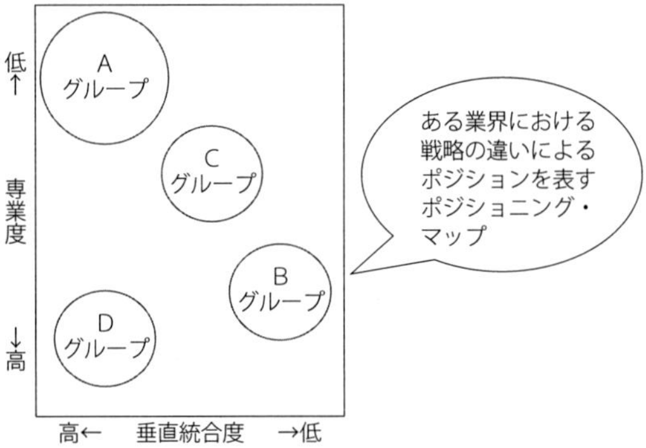

出所：Porter（1980）邦訳 p.212

図表7 - 11　ポジショニング・マップ

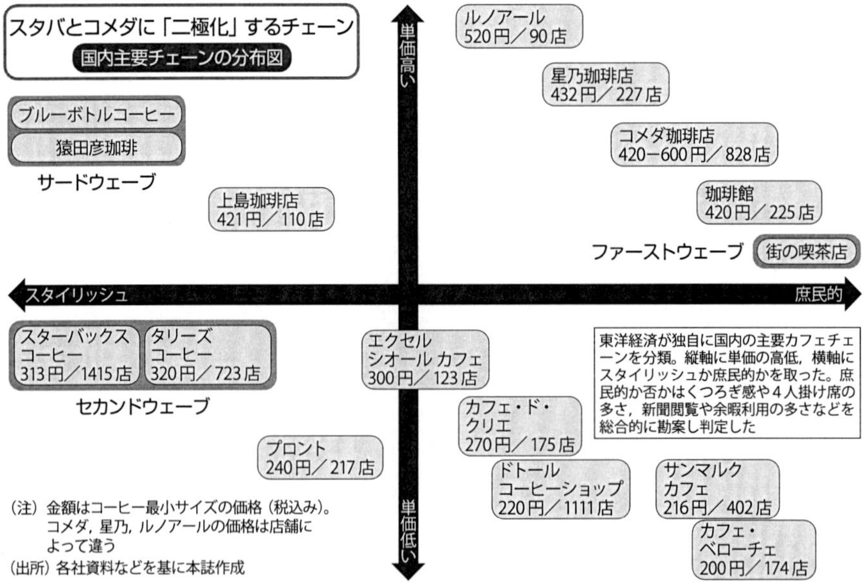

出所：週刊東洋経済 2019.4.20

　図表 7 − 12 は医療機関のポジショニング・マップを表している。縦軸は病床数等の規模を表し，横軸は医療機関の診療機能別の取り組み状況を表している。

図表 7 − 12　医療グループ戦略マップ

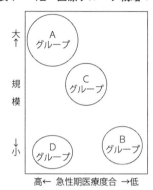

出所：筆者作成

図表 7 − 13　ポジショニング・マップ

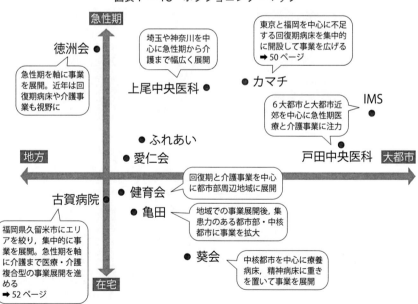

出所：日経ヘルス 2019 年 5 月号

　図表 7 - 13 は，医療機関グループのポジショニング・マップであり，縦軸に提供する診療機能を表し，横軸に展開する地域状況を表している。

【ディスカッション】

◎　勤務先の組織が所属する業界をファイブ・フォース・モデルにより分析してください。

◎　所属する組織の業界内ポジショニング・マップを作成してください。

 考えてみよう！

参考文献

Barney, J. B. (2002) GANING AND SUSTAINING COMPETITIVE ADVANTAGE, Pearson Education, Inc.

Grant, R. M. (2007) Contemporary Strategy Analysis, Blackwell Publishing Ltd. (加瀬公夫訳 (2008)『グラント現代戦略分析』中央経済社).

Porter, M. E. (1980) COMPETITIVE STRATEGY, The Free Press (土岐坤・中辻萬治・服部照夫訳 (1982)『競争の戦略』ダイヤモンド社).

Montgomery, C. A. (2012) The Strategist Be The Leader your Business Needs, Harper Business (野中香方子訳 (2014)『ハーバード戦略教室』文藝春秋).

尾形裕也 (2010)『病院経営戦略論』日本医療企画.

第8章

競争戦略から協調戦略へ

　5つの競争要因で分析するのは，企業を取り巻く業界の構造分析によって業界内の競争状況を分析するものである。ここで企業を取り巻く業界構造は，競争を前提としたものである。しかし，同じ業界にあっては自社の行動によって競合企業も反応することになり，競争ばかりでなく時には協調することも多い。

　前述したように，医療業界にあっては地域医療連携で患者を紹介する仕組みもあり，地域医療にあっては競争戦略よりも協調戦略の方が，なじみが大きいと思われる。

　ネイルバッフとブランデンバーガー（1997）は，競争と協調を組み合わせたコーペティションを唱えている。このコーペティションでは，自社以外の企業

図表8－1　価値相関図
コーペティション戦略　企業価値相関図

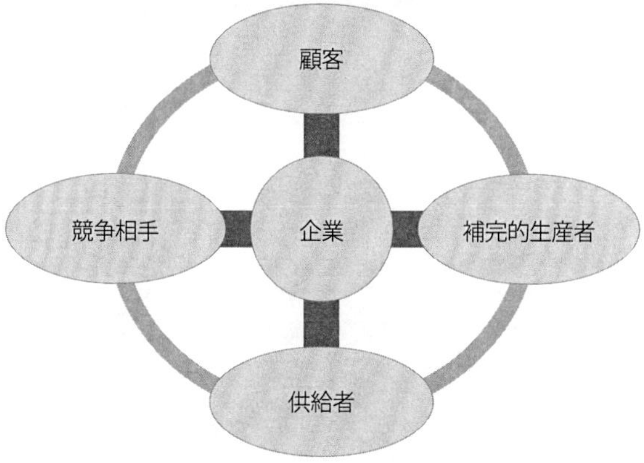

出所：Nalebuff & Brandenburger（1997）邦訳 p.29

図表 8 - 2

コーペティション戦略　大学価値相関図

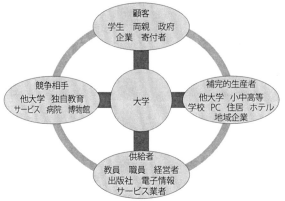

出所：Nalebuff & Brandenburger（1997）邦訳 p.38

図表 8 - 3

コーペティション戦略　病院価値相関図

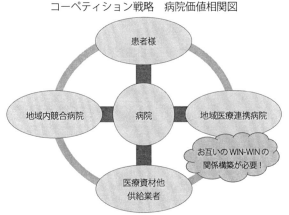

出所：筆者作成

　の製品を顧客が所有することで，自社製品の価値が増加する企業として補完的企業の存在を唱えて，市場の拡大において補完的企業と協調した後，市場内のポジション獲得においては競争すると述べている。

　さらに，顧客，競合企業，供給業者，補完的企業をプレーヤーとみなして，

図表8－4　地域包括ケア図

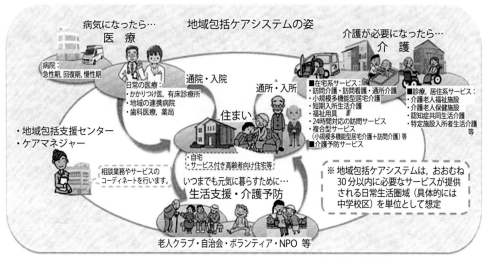

出所：厚生労働省Webサイト

お互いに利益を奪い合うのではない協調によって利益を増大することを唱えている。

　医療業界においては，地域医療連携における病床機能区分による急性期病院と回復期病院，慢性期病院の関係は，お互いに補完的企業であると言える。さらに訪問看護ステーションや介護事業者も補完的企業と言えよう。そして地域包括ケアシステムに係る医療提供者，介護事業者，生活関連企業，行政の関係もお互いに補完的企業と捉えることができる。

●ケース　協調戦略としての地域包括ケアシステム

　地域包括ケアシステムは，2012年の介護保険法改定で法的根拠が与えられ，2014年度診療報酬改定で構築の促進が掲げられ，医療介護総合確保促進法で医療・介護両面の提供体制の再構築の基本概念が位置付けられている。

　住民が住み慣れた地域で最期まで暮らせる環境整備を目的とした地域包括ケアシステムは，ここ数年で医療・介護現場にだいぶ浸透してきた。それに

伴って患者の入院から退院後の在宅での看護や介護まで切れ目のない医療連携が一層重要になっている。

　医療機関，介護施設や介護事業所は，地域の他医療機関や他施設と日ごろから交流を図って顔の見える関係を築き，患者・介護サービス利用者の情報共有を密にすることが大事になる。医療介護連携の重要性の意識が高まっているのは病院である。重症患者の受入が厳しく求められる半面で，状態が安定した患者の退院促進の圧力が高まっており，退院に向けた診療所や介護事業所との連携は今や常識となっている。一方で患者の在院日数が短くなることで，より多くの新規患者を確保できなければ病院の病床稼働率低下に直面することになる。そのため，在宅患者との接点が多いケアマネジャーや診療所となじみの関係を築き，急性憎悪した患者を紹介してもらう取組が必要になる。

　恵寿総合病院（石川県七尾市426床）は，12人のメディカルソーシャルワーカーを配置している。彼らは地域の約40か所の居宅介護支援事業所を年3回訪問し，ケアマネジャーが気になっている在宅患者の状態や同院の入退院支援に対する要望を聞いて回っている。これらの活動によって，ケアマネジャーから「顔見知りになって何かあれば病院に連絡しやすくなった」と好評である。今後は勉強会や交流会を継続する予定である。こうした取り組みは，入院患者の紹介の推進に繋がり病院の病床稼働率の安定化をもたらしている。

　東埼玉総合病院（埼玉県幸手市173床）は，地域の医療機関や介護事業者の多職種間の連携推進や在宅医療提供体制の構築を担い自院でも在宅医療連携拠点事業を手掛けてきた。地域の他病院や診療所や救急隊とも密な連携を重視し医師会との交流も活発に行っている。このような地域包括ケアシステムの構築への積極的な関与は病院にとって入院患者の増加が見込まれる。同院は今後もこれまで取り組んできたこと以上にほかの医療機関や介護施設との連携と共存共栄を深化させ地域での事業継続を図っていく方針である。

出所：日経ヘルスケア　2018年12月号

【ディスカッション】

◎　所属する組織は協調戦略を行っていますか。

◎　所属する組織にとっての補完先企業はどのような組織でしょうか。

考えてみよう！

参考文献

Nalebuff, B. J. & A. M. Brandenburger（1997）Co-opetition, Profile Books（嶋津祐一・東田啓作訳（1997）『コーペティション経営』日本経済新聞社）.

Porter, M. E.（1980）COMPETITIVE STRATEGY, The Free Press（土岐坤・中辻萬治・服部照夫訳（1982）『競争の戦略』ダイヤモンド社）.

第9章

競争戦略の基本戦略

　ポーター（1980）は，競争戦略について以下のように述べている。競争戦略とは，業界内で防衛可能な地位をつくり，5つの競争要因にうまく対処し，企業の投資収益を大きくするための攻撃的または防御的なアクションであり，ある企業にとってのベストの戦略は，その企業の環境を計算に入れてつくりあげた戦略に他ならないと述べている。そのうえで，長期的に防御可能な地位をつくり，競争相手に打ち勝つための3つの基本戦略があると述べている。

　5つの競争要因に対処し，他社に打ち勝つための3つの基本戦略は，コストリーダーシップ，差別化，集中化である。

図表9－1　競争戦略

競争戦略の分類
コストリーダーシップ，差別化戦略，集中化戦略に分類

基本戦略

	特異性あり	低コスト地位
業界全体	差別化	コストリーダーシップ
特定セグメント	集中化	

出所：Porter（1980）邦訳 p.61

図表9－2　競争戦略

▶3つの基本戦略
　・差別化
　・コストリーダーシップ
　・集中化

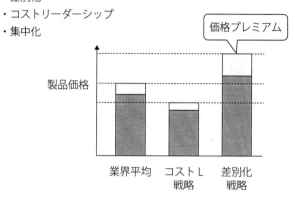

出所：筆者作成

図表9－3　競争優位の源泉

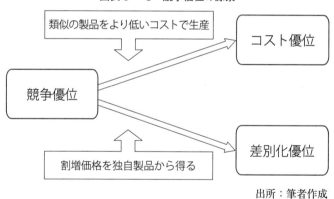

出所：筆者作成

1．コストリーダーシップ

　コストリーダーシップは，コスト面で最優位に立つという基本目的にそった一連の実務政策を実行することで，コスト面で他社より優位に立とうとする戦略である。

84

　この戦略を取る企業は，効率の良い規模の生産設備を積極的に導入し，生産コストや間接諸経費の削減を追求する「同業者よりも低コストを実現しよう」がこの戦略の一貫したテーマである。

　コストリーダーシップをもたらす要因に，経験曲線効果と規模の経済性がある。この戦略を取るのに必要なのは，相対的に高い市場シェアを得ること，原材料などが有利に入手できるような利点が必要である。そのためには，製造しやすい製品設計にする，コストが分散できるように関連製品種類を増やす，大量販売ができる体制を作り出すなどが必要になる。

コラム　**経験曲線効果と規模の経済**

　規模の経済は，ある製品の生産・販売規模を拡大することによって，「単位当たり費用」が減少することをいう。生産・販売に伴った発生する費用は，固定費と変動費に分けられる。このうち変動費は，生産・規模拡大に伴い費用も増加するが，固定費は生産規模に係らず一定である。そこで生産規模の拡大によって「単位当たり固定費」は減少するのである。これが規模の経済の発生要因である。

図表9－4　規模の経済と経験効果

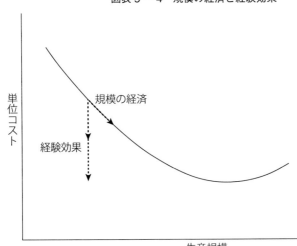

出所：網倉・新宅（2015）p.172

経験曲線効果は，累積生産量（経験量）が倍増するたびに，一定比率で「単位当たりコスト」が減少する現象をいう。経験量が増すことで労務費や製造原価やマーケティング費用などの費用が減少することが確認されている。

規模の経済と経験曲線効果は，生産量の増加がコスト減少をもたらすという点で類似しているが，規模の経済性はある時点での生産規模に起因するのに対して，経験曲線効果は過去からの歴史的経緯がコスト削減の要因になっていることに違いがある。

サービス業であるヘルスケア施設においては，規模の経済性は働きにくいが，経験曲線効果は多く発生する。

2．差別化戦略

差別化戦略は，自社の製品やサービスを差別化して，業界の中で特異だと見られる何かを創造しようとする戦略である。差別化の方法は様々であり，製品設計での差別化，ブランド・イメージの差別化，技術面での差別化，製品特長の差別化，顧客サービスの差別化，ディーラー網の差別化などの差別化がある。

差別化戦略に成功すると，コストリーダーシップと異なる方法で，業界の平均以上の収益を得ることができるとともに，業界内同業者からの攻撃も回避す

図表9－5　差別化戦略

◎差別化戦略とは？
　自社の製品やサービスを差別化して，業界の中でも特異だと見られる何かを創造しようとする戦略

○差別化の方法
1．製品設計，ブランドイメージの差別化
2．テクノロジーの差別化
3．製品特長の差別化
4．ディーラーネットワークの差別化
　　その他

出所：Porter（1980）邦訳 p.59

86

図表9－6　差別化の理論的説明

製品の特徴	製品サービスの客観的属性の仕様・性能の特性
機能間リンケージ	企業の複数機能間の連携
タイミング	製品を市場導入するタイミング
地理的ロケーション	企業の物理的立地
製品の品揃え	企業が販売する製品サービスの品揃え，技術的関連性
他企業とのリンク	社内機能連携，自社商品組み合わせ以外の自社製品と他社製品とのリンク
評判	最も有力な差別化の源泉　確立は難しいがいったん確立することで継続的に存在する

出所：Porter（1980）に基づき筆者作成

ることができる。顧客からブランドへのプレミアム価格を得ることができることで，顧客は価格感応度が弱くなる。差別化によって，ときには市場シェア確保が不可能になることもあるが，それは極端な差別化の場合，一部特定の市場だけを対象にすることもあるため，市場シェアとは矛盾する結果となる。

　差別化のために必要な活動は本来コストがかかるものであり，大掛かりな基礎研究，製品設計，高品質の素材，徹底した顧客サービスなどがそうである。

3．集中戦略

　集中戦略は，特定の買い手グループ，製品の種類，特定の地域などへ企業の資源を集中する戦略である。集中戦略はそもそも特定のターゲットに対して丁寧に扱う目的で策定され，ターゲットを広くした同業者よりも狭いターゲットに絞ることで，より効果的で効率の良い戦いができるという前提からこの戦略は生まれている。市場全体をターゲットとすると，コストリーダーシップも差別化も達成はできないが，特定ターゲットのニーズを満たすことで，差別化戦略あるいはコストリーダーシップが可能になる他，両方の達成も可能になる。一方で，集中化戦略は市場シェアの大きさという点では欠点を持つ。収益性を取るか売上高を取るかの選択においては，売上高を犠牲にせざるを得ない。

4．医療業界における基本戦略

4-1　差別化戦略

　尾形（2010）は医療機関の競争戦略としての差別化戦略について，製品差別化，価格差別化，補助的サービス差別化，ブランド差別化の観点から次のように述べている。

4-2　サービス（製品）差別化

　提供するサービス（製品）本体について，独自性を発揮して競合病院と差をつけることであり，競争戦略における最も本質的な部分である。医療機関にとっては，医療サービス本体の中核サービス（コア・サービス）において，競合病院が真似のできないサービスを患者に提供することである。具体的には「24時間断らない」医療の提供は大きなサービス差別化に繋がる。

図表9－7　医療機関経営の差別化例

製品差別化 医療機関具体例	提供する製品，サービス本体において他者と異なる独自性を発揮し，「ライバルに差をつける」こと 医療サービス本体という中核的なサービス（コア・サービス）で他の医療機関が真似の出来ないサービスを提供する 例えば「24時間断らない医療」など
価格差別化 医療機関具体例	価格競争において他者より安い価格設定を行う 診療報酬の大部分は公定価格であり，健康診断，差額ベッド，周産期医療等に見られる
補助的サービス 差別化 医療機関具体例	コアサービス以外の補助的サービスにおいて独自性を発揮する 病室診察室の環境雰囲気，内装等アメニティ，食事の質，内容，外来待ち時間の工夫，会計システム他
ブランド差別化 医療機関具体例	消費者は確立したブランドを信用してその名の商品等を優先的に購入しようとする 何らかの名声が確立したブランド病院は，患者を引き付ける以外にも医療スタッフをひきつける病院になりうる

出所：尾形（2010）p.14

88

4-3 価格差別化

　価格差別化は，価格競争において競合他社より安い価格設定を行うことであるが，医療保険によって公定価格である医療サービスの大半は価格設定を自由に行うことはできない。わずかに保険外の自由診療である周産期や健康診断・人間ドック，差額ベッド代などが，自由に価格設定ができるに過ぎない。価格差別化が大きくできないことに，企業経営と比べた医療機関経営の特徴があると言える。

4-4 補助的サービス差別化

　提供する製品やコア・サービスそのものではないが，それらに関連する補助的なサービスの提供において，独自性を発揮することである。医療機関については，例えば病室や診療室の環境や雰囲気，内装といったアメニティのあり方，提供される食事の内容と質，外来待ち時間を快適に過ごす工夫，効率的な会計システムなど，様々な補助的なサービスのあり方に工夫を加えることで，競合病院との差別化を図ることができる。価格差別化の余地の少ないわが国医療機関において，本体サービスを補完する補助的なサービスの位置づけは重要であると言える。

4-5 ブランド差別化

　商品やサービスの有する無形の超過収益力を表すものであり，医療機関についても何らかの形で名声が確立され，ブランド医療機関とみなされることの効果は大きい。こうしたブランド病院は患者を引き付けるだけでなく，同時にそこで働こうとする優秀な医師や看護師等メディカルスタッフを引き付ける力も有することになる。そのことが実際に提供される医療サービスのさらなる差別化をもたらす。ブランドはうまく機能している場合は，このような好循環をもたらす効果があると言える。

●ケース　定期調査と接遇研修で患者対応の質向上

　三島中央病院（静岡県三島市 196 床）は，患者からの意見を拾い上げるために患者満足度調査と待ち時間調査を毎年実施している。患者満足度調査は，診療の満足度，職員の対応や服装などを 5 段階評価で尋ねるものである。

　調査は 2009 年から実施しており，比較的多く集まる意見は，職員の対応や身だしなみに関する指摘であるが，そのほかの要望も多い。職員の見だしなみや対応を定期的にチェックするため，ホテル勤務経験者に依頼し，職員全員の接遇研修を行っている。挨拶の仕方や言葉使い，物の受け取り方，歩き方，身だしなみなどを学ぶプログラムを実施している。その他に接遇研修講師が毎月いずれかの診療科を訪れ，職員の業務の様子を評価し改善点を指摘する機会を設けている。

　評価される職員からは不満の声も上がっているが，患者からは職員の対応が良いという声は確実に増えており職場の雰囲気も良くなっている。継続して調査や接遇研修を行うことで，病院職員から患者満足度を高めるための提案も増えている。

　看護職員からの提案を受けて始めたのがワゴンによる移動販売である。同院は増床に伴い新棟の入院患者が病院内の売店に行くには 100 メートルほど歩かなければならなくなった。看護師長からの移動が不便であるとの指摘を受けたことから，病院内売店運営業者の協力を得て移動販売を始めている。移動販売のワゴン内の商品陳列は，過去の販売実績や事前要望を基に売店職員が行い，週 2 回看護師や看護助手が病棟での販売を請け負い，ワゴンを押して病棟内を回って商品の販売と会計までを行っている。

　販売しているのは，新聞や雑誌，お菓子，歯磨き粉やパジャマなどの生活用品が中心である。患者からは喜んでもらえることが多く，地域の中でも取り組みが知られるようになっている。

出所：日経ヘルスケア　2019 年 7 月号

●ケース　差別化戦略

黒沢病院附属ヘルスパーククリニック（群馬県高崎市）

　黒沢病院附属ヘルスパーククリニックは，母体の黒沢病院から外来と人間ドック機能を移す形で 2009 年に開院した。予防医学を重視し美容外科を設け，エイジングケア，デイケアも実施している。4 階建の建物内に医療法 42 条施設「メディカルフィットネス＆スパ・ヴァレオプロ」，人間ドック，健康診断を行う「高崎健康管理センター」を設け，健康増進拠点の機能を発揮している。人間ドック受診者は開設以来毎年 1,000 人〜 2,000 人のペースで増加している。

　同院の人気の理由は，最新鋭の装備や各科専門医による精度の高い診療および検査とアメニティの充実にある。「病院らしくない病院」をコンセプトに設けられたセンターは高級ホテルを連想させるシックな佇まいであり，宿泊室は「世界を旅する」をテーマに 1 室ごとに異なる国をモチーフにしたデザインになっている。「検査でつかれた人においしいものを」という理事長の考えにより，受診者専門のレストランではこだわりの食事を提供している。農家から直接買い付けた魚沼産コシヒカリをはじめ厳選された素材を使用し，元一流ホテルのシェフが調理している。人間ドックの受診者は同じ建物にあるメディカルフィットネス「ヴァレオプロ」の利用も可能であり，おいしい料理を食べ，運動したり，天然温泉に入ったり 1 泊 2 日の人間ドックでちょっとした旅気分が楽しめるようになっている。

　病院らしさを排するために院内の至る所に生花を飾っている。毎朝 6 時半から副理事長と事務職員が一つひとつ手作業で活け，開院前に院内の 100 ケ所以上に配置している。長年の花の取り組みが評価され，癒しと安らぎの環境フォーラムが認定する「癒しと安らぎの環境賞」を受賞している。

出所：フェイズ・スリー　2015 年 9 月号

5．コストリーダーシップ

　労働集約的な医療サービスを提供する医療機関においては，大量生産に伴う単位当たりコストの引き下げによる「規模の経済」は働きにくいとされている。また医療機関におけるコストに占める人件費の割合は大きいが，人件費割合の縮小も容易ではない。そのため医療機関におけるコストリーダーシップは，医薬品や医療資材等の大量購入などによる購入単価引き下げによるものが中心となる。

　尚，コストリーダーシップでは，コストの引き下げと併せて販売価格の引き下げによる価格競争を導入するケースもあるが，診療報酬価額が公定価格である医療サービスにおいては，販売価格引き下げによる価格競争は発生しない。

6．集中化

　医療機関における集中化戦略は，例えば眼科，肛門科，整形外科などの単科専門病院化のほか，循環器，消化器などの臓器別診療領域の絞り込み，あるいは回復期リハビリテーションなどの診療機能の特化などをあげることができる。

図表9－8　集中事例

```
＜専門病院＞
　がん研究会有明　（がん疾患）
　伊藤病院　（甲状腺疾患）
　榊原記念病院　（循環器疾患）
　松島病院　（痔疾患）

＜リハビリテーション＞
　初台リハビリテーション病院
　原宿リハビリテーション病院
```

出所：筆者作成

　特定の診療領域に集中することで，その領域の患者が集中して集まると同時に，その領域の診療に係ることを望むメディカルスタッフを集めることで，競争優位性を高め，特定の診療領域における高いシェアを取って，収益性を高めることが可能となる。

●ケース　ニッチでタイトな医療を経営方針に掲げる医療法人

　社会医療法人アルデバランは手稲いなずみ病院（札幌市 95 床）と二十四軒病院（札幌市 40 床）の 2 病院において「急性期から慢性期医療への橋渡し的存在」をコンセプトにニッチでタイトな医療を提供している。

　この医療法人は取組むべきは隙間産業であるという方針のもとに，救急搬送で気管内挿管されて人工呼吸器管理となった患者の転院先が少ない状態が多かったことから，率先してそのような患者を受け入れ，肺炎や尿路感染症などの合併症治療も積極的に行う障害者病棟を特色とする病院にする方針を決定した。これが基盤となって，急性期から慢性期の橋渡し的存在として人工呼吸器や入院血液透析やそれらダブルの管理が必要な医療依存度が高い患者に特化した医療を提供している。

　理事長は，「どこにもあてはまらない隙間のニーズは必ずあります。高度急性期，や急性期から療養型病院だけではカバーしきれない部分を担っていくのが私たちの役目です。障害者病床を軸としたケアよりもキュアを必要とする患者への対応を担っていきます」と述べている。

出所：フェーズ 3　2020 年 4 月号

【ディスカッション】

◎　所属する組織の競争戦略は何ですか。

考えてみよう！

参考文献

Porter, M. E. (1980) COMPETITIVE STRATEGY, The Free Press（土岐坤・中辻萬治・服部照夫訳（1982）『競争の戦略』ダイヤモンド社).

網倉久永・新宅純二郎（2015）『経営戦略入門』日本経済新聞社.

尾形裕也（2010）『病院経営戦略論』日本医療企画.

第10章

バリューチェーン（価値連鎖）

　ポーターは，バリューチェーン（価値連鎖）を，相互に依存する活動が，リンケージ（連結）で繋がって，供給業者が投入資源を提供し，自社の製品を，流通チャネルを経て最終的な買い手にたどりつくという，外部との関係を最適化調整することで競争優位が得られると述べている。

　バリューチェーン（価値連鎖）は，企業が生み出す付加価値は主活動である購買物流 → 製造 → 出荷物流 → 販売・マーケティング → サービスと，支援活動である全般管理，人事労務管理，技術開発，調達活動の連鎖によって生み出されているという考えをベースにしている。バリューチェーンが意味すると

図表 10 − 1　バリューチェーン図

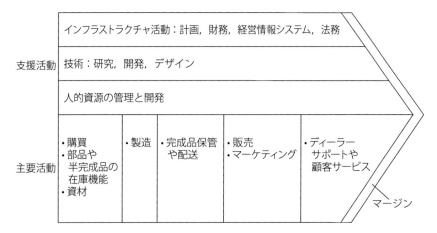

出所：Porter（1985）

図表10－2　医療提供のバリュー・チェーン

ノウハウの開発	(診断実績の評価と追跡, スタッフ/医師の研修, 技術開発, 診療プロセスの改善)						
情報提供	(患者教育, 患者へのカウンセリング, 治療に先立つ教育プログラム, 患者のコンプライアンスに関するカウンセリング)						
患者評価	(検査, 画像診断, カルテ管理)						
アクセス	(外来受診, 検査受診, 入院加療, 患者の搬送, 訪問看護, 遠隔診療)						
モニタリング/予防 ・病歴 ・検診 ・リスク因子の特定 ・予防プログラム	診断 ・病歴 ・検査項目の特定と準備 ・データの解析 ・専門家との相談 ・治療計画の決定	準備 ・チームの選択 ・介入前の準備 　検査前 　検査後	介入 ・投薬の指示, 実施 ・処置の実施 ・カウンセリングセラピーの実施	回復/リハビリ ・入院患者の回復 ・入院患者と外来患者のリハビリ ・治療の微調整 ・退院計画の作成	モニタリング/管理 ・患者の病態モニタリング・管理 ・治療へのコンプライアンスのモニタリング ・生活習慣改善のモニタリング	医療提供者の利益

出所：Porter & Teisberg（2006）邦訳 p.308

ころは，原料を提供し，加工し，流通し，最終消費者に提供するまでに価値を生み出し，チェーンに参加する企業が価値を享受するシステムである。バリューチェーンを描くことによって，主活動と支援活動のどの活動単位において，付加価値が生み出されているのかの分析ができる。

　さらにポーターは，医療提携におけるバリューチェーン（Care delivery value chain）について次のように述べている。ある病態を持つ患者にケア・サイクルを通して診療する場合の各種業務を表すもので，バリューチェーンの始まりは病態を特定する診断に始まり，次に治療行為の準備，治療行為である介入，次に回復のためのリハビリテーション，そして最後にモニタリングと管理で終了する。このバリューチェーンにより，医療機関が他の医療機関との相互連携を通して，患者に対する医療提供の向上に向けたプロセスの修正に役立つのである。そしてこれらのケア・サイクルにおいては各段階において反復することも多い。

　社会保障制度改革国民会議報告書は，医療・介護サービスの提供体制改革を川上から川下までのネットワーク化と述べており，発症から入院，回復期（リハビリ），退院までの流れをスムーズにしていくことで早期の在宅・社会復帰

図表 10 － 3　医療における川上から川下までの流れ

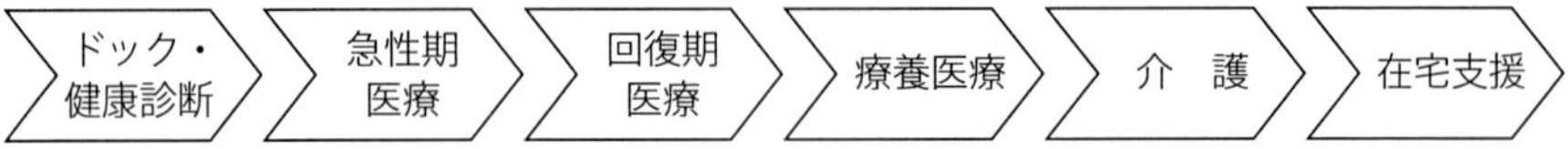

| ドック・健康診断 | 急性期医療 | 回復期医療 | 療養医療 | 介　護 | 在宅支援 |

出所：筆者作成

を可能にするとしている。

　この川上から川下までのネットワーク化は，相互に依存する活動であり，連結によって繋がったシステムである。これは病院間等のリンケージ（連結）による関係者間の関係を最適化することで競争優位が得られるものであり，バリューチェーンとして捉えることができる。

　診療機能別の疾病の発症と診療機能別の，川上から川下へのネットワークは以下の流れになる。①健康診断，健康増進による疾病の予防と早期発見，②発症時の急性期医療と入院，③回復期におけるリハビリテーション，④慢性期医療施設での介護，⑤在宅支援による介護

　地域医療ビジョンの策定による病床機能の見直しから医療機関の自主的な機能分化と連携の推進を背景として，診療機能における川上から川下までのバリューチェーンにおいて，各医療機関の担う役割を見直したうえで，診療機能の変更も場合によっては必要になろう。

　医療のバリューチェーンは，歯科診療の定期管理型予防歯科のバリューチェーンにおいても活用できる。

図表 10 － 4　バリューチェーン分析

定期管理型予防歯科のバリューチェーン（メディカルトリートメントモデル）

支援活動

1. ノウハウの開発（人材育成）
   ・スタッフ採用・研修（歯科医師、歯科衛生士研修、全スタッフ接遇研修）、診療プロセスの改善（手順書の改訂）
   ・診療実績の評価と追跡（メインテナンス経過によるアウトカムデータの整理）
   ・医療安全管理　・5S管理

2. 情報提供
   ・患者教育ー院内・外患者セミナー
   ・歯科衛生士による教育（初診時カウンセリング、説明1、説明2）
   ・カウンセリング（歯科医師、歯科衛生士、コーディネーター）・MTMプロセスの管理　・院内掲示、ホームページ

3. 患者評価
   ・検査、画像診断、カルテ整理　・リスク評価の管理　・訪問診療

4. アクセス
   ・予約問い合わせ（TEL）、受診、急患対応、キャンセル対応

5. 患者管理
   ・予約管理、キャンセル管理、継続管理（中断対応）→患者プロセスシート
   ・診療報酬請求の整備、修理、クレーム対応

6. 施設管理
   ・医療機器購入、修理、管理、インフラストラクチャー

7. 部材調達
   ・歯科材料費の購入・管理

主活動

担当者

モニタリング／予防
・病歴　・検診　・検査　・リスク因子の特定　・データ解析と診断

phase 1 歯科衛生士	phase 2 歯科衛生士／歯科医師	phase 3 歯科衛生士	phase 4 歯科医師（専門医）	phase 5 歯科衛生士
初診 病態・リスク 検査 ・病歴 ・検査 ・データ解析と診断	検査結果と治療計画 ・予防プログラム立案・提示 ・治療計画立案提示（専門性のアドバイス） ・患者への説明とコンプライアンス	初期治療 ・病態・リスクの改善 ・ホームケア指導 ・生活習慣指導 ・処置（歯石除去）	う蝕・修復治療 ・歯周治療 ・歯内療法 ・修復治療（リハビリテーション） ・メインテナンス計画	メインテナンス ・病態・リスクのモニタリング ・予防へのコンプライアンス ・生活習慣 ・ホームケア

医療提供者の利益

出所：Porter & Teisberg (2006) を基に早乙女が加筆修正

【ディスカッション】

◎ 所属する組織が行う差別化はどのようなものがありますか。

◎ 所属する組織のバリューチェーンについて説明してください。

考えてみよう！

参考文献

Porter, M. E. (1980) COMPETITIVE STRATEGY, The Free Press（土岐坤・中辻萬治・服部照夫訳（1982）『競争の戦略』ダイヤモンド社）.

Porter, M. E. (1985) Competitive Advantage, The Free Press（土岐坤・中辻萬治・小野寺武夫訳（1986）『競争優位の戦略』ダイヤモンド社）.

Porter, M. E. & E. O. Teisberg (2006) Redefining Health Care, Harvard Business Press（山本雄士訳（2009）『医療戦略の本質』日経 BP 社）.

網倉久永・新宅純二郎（2015）『経営戦略入門』日本経済新聞社.

尾形裕也（2010）『病院経営戦略論』日本医療企画.

─── 第11章 ───

資源ベース・アプローチ

　持続的競争優位の差異の源泉を，企業の内部に見る資源ベース・アプローチ（リソースベーストビュー：Resource-Based View（RBV））は，企業が所有する生産資源は個々の企業によって大幅に異なっており，それらは企業がたとえ同一業界にあっても根本的に異質であることを前提にしている。

　このように企業を生産資源の束と見ることはペンローズ（1959）が唱え，会社は生産資源の集合体であり，内部資源によって企業成長がもたらされるとしている。

　資源ベース・アプローチの登場背景は次のようなものである。1980年代に，企業の外部環境に目が向けられ，企業の内部経営資源の要因が軽視された後に，1990年代から，企業の内部経営資源の重要性に再度目を向けた研究が登場した。

　企業間の収益格差を決定する要因は，「参入障壁」，「移動障壁」，「独自障壁」の3つのレベルの模倣障壁のうち，「独自障壁」が資源ベース・アプローチの前提となるものである。

1. 参入障壁

　参入障壁は，産業レベルの模倣障壁であり，ある業種への他企業の新規参入を妨げるその業界固有の特性で，規模の経済性・製品差別化・業者変更コスト・コスト上の利点・流通チャネルとの関係・資金力・政府の方針等である。「参入障壁」である産業レベルの高収益は，新たな競合企業がその産業に参入

図表 11 － 1　収益格差をもたらす３段階の模倣障壁

参入障壁	Porter（1980）	産業レベルの模倣障壁	新規参入を妨げる業界固有の特性
移動障壁	Porter（1980）	業界内の戦略グループ間の模倣障壁	戦略グループの移動を制約することで収益格差が維持される
独自障壁	Rumelt（1984）	「隔離メカニズム」	持続可能な競争優位を取り囲む防御壁となる
	Wernerfelt（1984）	「資源ポジション障壁」	資源をすでに保有する企業は後発企業に対する有利な地位を有する
	根来・稲葉（2009）	「資源障壁」	同一事業間の模倣障壁，他企業に対する持続的な競争優位を保持する

出所：筆者作成

することを困難にすることによって保たれる。

　わが国の病院経営における「参入障壁」は，社会的規制による，二次医療圏毎の「病床規制」によって，新たな病院開設ができないことが典型的な「参入障壁」となる他，病院長は医師であること，専門職種別免許制度による規制などによって，他産業が病院経営に簡単に参入できないことが相当する。

２．移動障壁

　移動障壁は，業種内における戦略グループ間の模倣障壁であり，戦略グループ間の移動を制約することで，戦略グループ間の収益格差が維持される。

　わが国の病院経営における「移動障壁」は，社会的規制による，二次医療圏毎の「病床規制」によって，病院の増設が出来ないことで，規模の拡大を図れず，中小病院が大規模病院へ移行できないことが相当する。

３．独自障壁

　独自障壁は，「各個別企業を特徴付ける資源」として，産業レベルの模倣障

壁や，戦略グループ間の模倣障壁に対して，同一事業間の模倣障壁であり，他企業に対し持続的競争優位を保持することを可能にする資源障壁である。この「個別企業レベルの模倣障壁」を持っている企業は，「資源ポジション障壁」に保護されているとしている。

　資源ベース・アプローチは，「個別企業レベルの模倣障壁」を分析することであり，個別企業の持つ持続的な競争優位を探るものである。

　病院経営においても，一般企業同様に内部経営資源や組織能力の違いによる，「個別病院間レベルの模倣障壁」は存在する。個別企業が有する持続的な競争優位は，資源の希少性と模倣の困難性がもたらすものであり，他社が容易に模倣可能なものは，持続的な競争優位の源泉とは言い難い。「隔離メカニズム」・「資源ポジション障壁」による，模倣の困難性は，資源が物理的に複製不可能であること，時間を掛けなければ獲得できない経路依存性（Path-dependency）があること，因果関係不明であること，独自の歴史的条件がある

図表11－2　業界の3段階の障壁

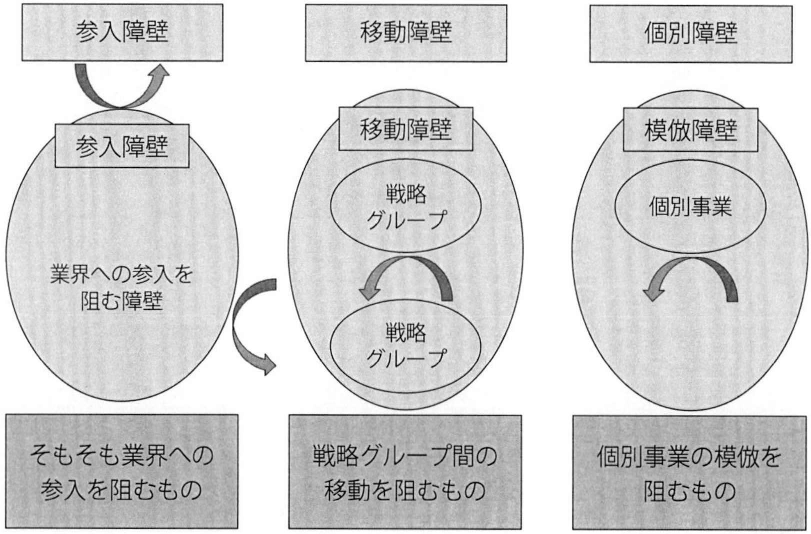

出所：筆者作成

ことによってもたらされる。

　病院経営における「隔離メカニズム」・「資源ポジション障壁」による，模倣の困難性は，物理的に複製不可能なものとして，病院の立地そのものがある。経路依存性は，診療現場における診療手順，看護手順等が相当する。独自の歴史的条件は，病院開設から今日までの経過年数の違いや，病院設立背景の違いが相当する。

　内部経営資源は，病院も一般企業と同様に，人・物・金といった一般的な目に見えるタンジブルな資源のみでなく，目に見えないインタンジブルな資源，技術力やブランド，特殊な専門能力や独特な組織文化も含んでいる。病院経営における内部経営資源は，いわゆる「ヒト」，「モノ」，「カネ」があり，これらは先行研究で見られる有形資源，無形資源，人的資源等に分類が可能である。以下で内部経営資源の分類の整理を行う。

4．内部経営資源の分類

　企業が所有する内部経営資源を研究者はいくつか具体的にあげたうえで分類している。ここでは内部経営資源を大きく有形資源，無形資源，人的資源の3つに分類したうえで，それらの内容を述べていく。

図表 11 － 3

	有形資源	無形資源	人的資源	組織資本
Penrose (1959)	工場，設備，土地，原料，在庫	―	従業員他	―
Barney (1991)	工場，設備	―	マネジャー，従業員の保有する経験・技術	組織構造，管理調整システム
Collis & Montgomery (1998)	不動産，設備，原材料	会社の評判，ブランドネーム，特許・商標，経験，学習	―	―
Grant (2007)	資金，有価証券，工場，設備，土地	技術（特許，著作権，企業秘密）企業文化	従業員の技能，ノウハウ，意思伝達，協働能力，動機	―

出所：筆者作成

4-1　有形資源

　企業内で用いられ，企業のバランスシートに記載される資源であり，具体的には，流動資産である，財務資源の現金，有価証券等と，原材料，固定資産である工場，不動産，生産設備などが含まれ，併せて，企業の地理的な立地，原材料へのアクセスなどがある。

4-2　無形資源

　無形資源は，バランスシートに記載されない資産であり，具体的には，特許や商標，蓄積された学習や経験，技術的知識，特許・著作権，企業秘密，会社の評判，ブランドネーム，企業文化などがあげられる。

4-3　人的資源

　従業員の技能，ノウハウ，意思伝達，協働能力，動機，個々のマネージャーや従業員が保有する経験・判断・知性・人間関係・洞察力などがあげられる。

5．組織能力について

　組織能力（Organizational Capability）とは，企業が持っている経営資源を活用するものであり，経営資源を蓄積・統合・活用して，製品・サービスを生み出す力である。この組織能力は，各々の企業によって異なる企業特有の能力であり，他社が真似しにくいような組織ルーティンの束を指し，組織学習によって構築され，企業間に競争力の差をもたらすものである。そして組織能力は，組織がインプットをアウトプットに変換するために用いるプロセスの組み合わせであり，磨きあげられた組織能力は競争優位の源泉になる。

6．組織能力の階層性

　企業が持っている組織能力には大きく 2 つの階層が存在している。

　1つは，機能別あるいは事業部門別の現場の管理者が責任を負うオペレーションやルーティン等である「オペレーション能力」であり，もう一方は，現場のオペレーション・ルーティーンの組織能力を横断して統合する能力であり，トップマネジメントが行う経営全般に係わる組織能力の「マネジメント能力」である。

　病院組織の組織能力の階層レベルは，専門職である医師他のメディカルスタッフが治療・診療の現場において経営資源を活用する「オペレーション能力」と，病院組織において，企画，予算，人事等の経営全般に係わる組織能力を活用する「マネジメント能力」に大きく分けることができる。

図表 11 － 4

	オペレーション能力	マネジメント能力
Teece (2007)	現場の管理者が責任を負うオペレーション，ルーティン	企業のトップマネジメントが行う
Grant (2007)	専門化された能力，健康診断，患者の診断，手術前後の看護	病院経営，サポート機能
藤田 (2007)	個別的組織能力（機能別能力，事業部門別能力）	総体的組織能力（個別的組織能力の総合力）

出所：筆者作成

7．VRIO 分析

　バーニーが提唱した，企業の持つ内部経営資源のうち，持続的な競争優位の源泉となるものを分析するもので，その内部経営資源を持つことで競合企業に差をつけることができる要因の分析に用いられる。

　VRIO 分析は，次の4つの分析対象である，経済価値 (Value)，希少性 (Rarity)，模倣困難性 (Inimitability)，組織特性 (Organization) の頭文字からきている。

VRIO 分析

価値ある資源（Value）

　企業の経営資源が充分に経済的な価値があると顧客に認識されているかどうかを分析する。

希少な資源（Rarity）

　企業の経営資源が市場において希少性を発揮しているかどうかを分析する。

模倣困難性（Inimitability）

　企業の経営資源が模倣されやすいかどうかを分析する。

組織特性（Organization）

　企業の経営資源を有効に活用できる組織体制になっているのかどうかを分析する。

図表 11 － 5

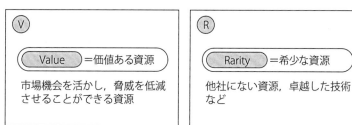

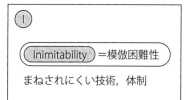

出所：Barney（2002）に基づき作成

図表 11 － 6
VRIO フレームワークと企業の強み弱みの関係
その経営資源は価値があるか？

価値があるか	希少か	模倣コストは大きいか	組織体制は適切か	強みか，弱みか
No			No ↑	弱み
Yes	No			強み
Yes	Yes	No	↓	強みであり固有のコンピタンス
Yes	Yes	Yes	Yes	強みであり持続可能な固有のコンピタンス

出所：Barney（2002）邦訳 p.272

8．コア・コンピタンス

　企業が独自に持つ技術や知識の集合体であり，競合他社を凌駕するような中核的な組織能力のことである。このコア・コンピタンスは組織内学習を通して生まれ，これらを獲得・蓄積・発展させることが競合企業に打ち勝つ競争優位の源泉となる。

　このコア・コンピタンスを提唱したハメル・プラハラードは，コア・コンピタンスを形成する条件に次を上げている。

・顧客から認知される価値を生み出すこと

・競合他社が模倣することが難しいこと

・多様な市場へのアクセスが可能なものであること

　コア・コンピタンスも大きくは資源ベース・アプローチとみることができる。資源ベースのうちでも競合企業が模倣困難な組織能力に重点を置いて理論展開を図っているところに特徴がある。

【ディスカッション】

◎　所属する組織の経営資源を説明してください。

◎　同様に組織能力について説明してください。

考えてみよう！

参考文献

Barney, J. B.（1991）"Firm Resources and Sustained Competitive Advantage," Journal of Management, Vol.17, pp.99-120.

Barney, J. B.（2002）GANING AND SUSTAINING COMPETITIVE ADVANTAGE, Pearson Education, Inc.

Collis, D. J. & C. A. Montgomery（1998）Corporate Strategy, The McGraw-Hill Companies, Inc.（根来龍之・蛭田啓・久保亮一訳（2004）『資源ベースの経営戦略論』東洋経済社）.

Grant, R. M.（2007）Contemporary Strategy Analysis, Blackwell Publishing Ltd.（加瀬公夫訳（2008）『グラント現代戦略分析』中央経済社）.

Penrose, E. T.（1959）The Theory of The Growth of The Firm, Oxford University Press（末松玄六訳（1962）『会社成長の論理』ダイヤモンド社）.

Porter, M. E.（1980）COMPETITIVE STRATEGY, The Free Press（土岐坤・中辻萬治・服部照夫訳（1982）『競争の戦略』ダイヤモンド社）.

Rumelt, R. P.（1984）"Towards a Strategic Theory of Firm," in R. Lamb, B. ed., Competitive Strategic Management, Englewood Cliffs, N.J., Prentice-Hall, pp.556-570.

Teece, D. J.（2007）"Explicating Dynamic Capabilities: The Nature and Microfoundation of (Sustainable) Enterprise Performance," Strategic Management Journal, Vol.28, No.13, pp.1319-1350.

Wernerfelt, B.（1984）"A Resource-based View of the Firm," Strategic Management Journal, Vol.5, pp.171-180.

根来龍之・稲葉由貴子（2009）「事業形態・独自資源と収益率格差との関係」『経営情報学会誌』Vol.18, No.2, pp.113-137.

藤田誠（2007）『企業評価の組織論的研究』中央経済社.

― 第12章 ―

資源ベース・アプローチによる規制が
病院経営に及ぼす影響の検証

　日本の病院経営は典型的な規制業種に属しており，規制には経済的規制と社会的規制がある。

　経済的規制の具体的事例には，次のようなものがある。

・診療の対価として支払われる診療報酬額は公定価格であり，全国一律でどこでどのような診療を受けても，個々の病院による価格差が無い。

・病院経営は非営利とされており，営利企業は参入できない。

・医療法人の出資持ち分は配当禁止である。

　社会的規制の具体的事例には次のようなものがある。

・医療法人の理事長職は原則医師である。

・医療圏毎に基準病床数が定められており，それを上回る病院の増床が不可である。

・病院の医師・看護師等医療職は免許制度による資格要件があること。

　このような日本の病院経営は次のような特徴を有している。

・社会的規制や経済的規制の存在が病院経営に制約を及ぼしているものの，経営の失敗による損失までは補填されない。

・十分な設備投資による医療サービスの質と安全を維持・向上するための，財政基盤の確立が求められており，赤字経営を続けることは，医療サービスの低下を招き，結果として地域医療に対して負担をもたらすことになる。

・医療経営に必要な医療従事者を中心とした人的資源は，各人の自由意思によって転入職するため，魅力的な病院には人的資源が集まり，魅力に乏しい病

図表12－1　病院経営上の規制具体例

病院経営上の規制	規制の内容	具体的な規制内容
経済的規制	価格設定に関する規制	診療報酬価格は公定価格である
	非営利性に関する規制	剰余金の配当禁止
社会的規制	組織運営に関する規制	理事長資格要件　必要人員と必要設備の具備
	開設・増床に関する規制	病床過剰地域は病院新設・増設不可
	専門職種別免許制度による規制	専門職による業務独占規定と名称独占規定

出所：筆者作成

　院からは人材が流出し，診療機能の低下を招き，患者離れからやがては廃院に繋がることになる。

　このような特徴を持つわが国の病院経営において，社会的規制と経済的規制が，病院経営における医業利益で表される業績に及ぼす影響について，経営戦略論の資源ベース・アプローチを背景とした理論的考察を行う。資源ベース・アプローチは，企業の生産資源の束は個々の企業によって大幅に異なり，同一業種の企業であっても根本的に異質な存在であることを前提としている。根本的に異質な存在である病院の経営資源に，社会的規制と経済的規制がどのような影響を及ぼしているのかを考察した。

1.　病院経営における3つのレベルの模倣障壁

　企業間の収益格差を決定する要因として，「参入障壁」，「移動障壁」，「独自障壁」の3つのレベルの模倣障壁がある。この3つのレベルの模倣障壁は，一般企業同様に病院経営においても存在している。

　わが国の病院経営における「参入障壁」の具体例として，以下があげられる。医療法人は「剰余金の配当をしてはならない（医療法第54条）」の定めを根拠に，営利法人による病院経営は不可となっている。医療法制定（1948年）以前には，企業立病院も設立されていたが，同法制定以降に企業立病院は設立できないことは，強く「参入障壁」の存在の証左としてあげられる。そして，社会的規制

による，二次医療圏毎の病床規制によって，新たな病院開設ができないことは，典型的な「参入障壁」である。その他に，病院長は医師である事（医療法第10条），専門職種別免許制度による規制（医師法，保健師看護師助産師法等）の存在によって，他産業が病院経営に簡単に参入できないことが「参入障壁」に相当する。

「移動障壁」は，業種内における戦略グループ間の模倣障壁であり，戦略グループ間の移動を制約することで，戦略グループ間の収益格差が維持される。

わが国の病院経営における「移動障壁」は，社会的規制による，二次医療圏毎の病床規制によって，病院の病床が増加できないことで，規模の拡大を図れず，中小病院が大規模病院へ移行することができないことが相当する。

「独自障壁」は，「各個別企業を特徴付ける資源」として，「同一事業間の模倣障壁」であり，他企業に対し持続的競争優位を保持することを可能にする資源障壁である。

病院経営における，各病院を特徴付ける病院レベルの「独自障壁」は，各病院が有する内部経営資源や組織能力の違いによって，持続的競争優位を保持することが相当する。内部経営資源や組織能力の違いによって，個別病院間レベルの「模倣障壁」は存在する。

模倣の困難性は，資源が物理的に複製不可能であること，時間を掛けなければ獲得できない経路依存性があること，因果関係不明であること，独自の歴史的条件があること，によってもたらされる。病院経営における模倣の困難性は，物理的に複製不可能なものとして，病院の立地そのものがある。経路依存性は，診療現場における診療手順，看護手順等が相当する。独自の歴史的条件は，病院開設から今日までの経過年数の違いや，病院設立背景の違いが相当する。

2．病院経営における規制について

規制業種である病院には，一般事業会社と異なる各種の規制があり，経営上の制約となり，人的資源の配置や，具備が必要な病院設備の設置等において，

最適な資源配分を制限し，病院の業績に影響を及ぼしている。

　医療を取り巻く様々な規制について，遠藤（2007）は，医療経済学の見地から，医療分野には安全性の確保を目的とした経済的規制と社会的規制が存在すると述べている。

　そして，真野（2006）は，経済的規制には，参入制限と料金を定める需給調整規制等があり，医療保険による公定価格がある。社会的規制は，消費者の安全等を目的として一定基準を設定し制限を加える等の規制があり，病院に人的配置基準を定めることが相当するとしている。

　戦後のわが国の医療提供体制は，医療法によって定められている。医療法は，医療を提供する体制の確保を図り，国民の健康の保持に寄与することを目的として制定されており，営利を目的として病院，診療所等を開設することを否定している。そのため営利法人による医業経営は認められず，医療法人において営利性は否定されており，この考えに基づき剰余金の配当禁止が明確に法律に規定されている（厚生省健康政策局指導課，1990）。

　医療法により，病院の開設は都道府県知事の許可が必要であり，病院の開設者は医師でなければならず，医師・看護師他医療従事者の必要人数も定められており，また病院の各施設の広さ等も決められている。さらに数年毎の医療監視によって経営内容はモニタリングされている。

　1985年の第一次医療法改正は，都道府県に地域医療計画の策定を義務付け，二次医療圏毎に必要病床数を定め，病床過剰地域では，都道府県知事は開設・増床の中止の勧告ができるという病床規制の導入が図られ，参入規制が導入されるようになっている。

　わが国の医療経営における経済的規制として，病院は営業収入における約9割以上を保険収入に依存しており，病院事業における大部分のサービスの価格は，診療報酬制度に基づく公定価格である診療報酬点数によって決められている。この診療報酬点数は厚生労働大臣と厚生労働省下に設置された諮問機関である「中央社会保険医療協議会（中医協）」の間において決定され（健康保険法　第82条），個別の病院において独自の価格設定はできない。

図表 12 － 1　病院経営上の規制具体例

病院経営上の規制	規制の内容	具体的な規制内容	病院経営への影響
経済的規制	価格設定に関する規制	診療報酬価格は公定価格である	非価格競争による競争
	非営利性に関する規制	剰余金の配当禁止	営利法人の病院経営参入不可
社会的規制	組織運営に関する規制	必要人員と必要設備の具備	人件費削減と設備投資削減の制約
	開設・増床に関する規制	病床過剰地域は病院新設・増設不可	参入障壁と移動障壁が発生
	専門職種別免許制度による規制	専門職による業務独占規定と名称独占規定	一般企業同様の経営管理手法は通じない

出所：筆者作成

　この公定価格である診療報酬点数は２年毎に改定があり，診療報酬点数の改定による点数配分は病院経営に多大な影響を及ぼしている。

　市場が効率的であれば，同一の財・サービスは同一価格になるべきである。診療報酬価格は公定価格であることから，個々の診療行為は同じ点数であり同一価格となる。そのため，名医と言われる医師の診療行為の価格と，臨床研修医師の診療行為が同一価格となるという事象が存在する。

　このように，医療経営においては公定価格の存在によって，価格競争は発生しない。そのため売上げ（医業収入）を伸ばすには，患者数を増やし，より多くの診療実績を増やすことが必要になり，医療現場における「オペレーション能力」が問われることとなる。一方，売上げが増加した以上に人件費をはじめとするコストが増加しては，医業利益の増加には繋がらない。そのため，効率的な経営によって，人件費等をはじめとするコスト削減をどのように行うかが病院の業績に反映されることになる。このことから，「オペレーション能力」以上に，個々の病院が有する組織能力のうち，特に病院経営全般に係る「マネジメント能力」の違いが，病院間に赤字病院と黒字病院となる業績格差をもたらすことに繋がるのである。

3．非営利性に関する規制と影響

　医療法人は「剰余金の配当をしてはならない（医療法第54条）」という定め
があるので，営利法人による病院経営は不可となっている。

　この規制について，遠藤（2007）は，出資者の利益配当を禁ずることで，医
療現場に利潤追求圧力が及ばないために規制を設けているとしており，その規
制の根拠について次のように述べている。営利企業である株式会社は，出資者
である株主の求める株価の上昇と配当の増加に繋がる企業の利潤追求行動を追
求する。この利潤追求行動は，顧客の求めるものを効率的に生産，供給するこ
とで社会的に望ましい市場原理を有する。一方，医療は情報の非対称性の存在
や，医療保険制度によって患者の自己負担は常にサービスの実勢価格を下回
り，病院の報酬価格は公定価格で硬直的であるという，不完全な市場である。
そのため，利潤動機が資源配分を効率化する保証はなく，医療に利潤動機が働
くことは，結果として，医療の質低下や過剰医療等の非効率を生じる可能性が
あるためとしている。

　但し，この非営利性について，亀川（2007）は，医療経営は出資者の利潤請
求権を認めないだけであり，多様なステークホルダーの要求を満足させねばな
らず，その結果として魅力的な病院等には経営資源が集まり，環境に適合でき
ない病院等からは，経営資源が流出することに繋がる，と述べており，病院経
営において非営利性を謳うことで利潤動機を否定することの誤りを指摘してい
る。

　今村・康永・井出（2006）は，わが国の医療経営は，営利を目的としないこ
とと，十分な設備投資によって医療の質と安全を維持・向上する財政的基盤の
確立が求められているとしている。

　このことは，一見背反するように思われるが，ここで営利を目的としないと
いうことは，出資者へ剰余金の配当がないことであり，医療の質を担保するの
に必要な設備投資に備えた適正利潤の追求まで否定するものではない。それに

もかかわらず，病院組織は非営利であることを誤解して，利潤動機を否定して，結果として業績が芳しくない病院組織もある。

　非営利性に関する規制は，医療経営に営利企業が参入できないという「参入障壁」を形成することで，市場競争は制限されている。一方で，医療の非営利性は適正利潤の追求を否定するものではなく，医療の質を担保するのに必要な設備投資の要求に応える必要がある。

　そのため，適切な病院経営を行う組織能力のうち，病院経営全般に係る「マネジメント能力」の向上が強く求められるのである。

4．組織運営に関する規制と影響

　資源ベース・アプローチは，各病院の経営資源と組織能力が異質であることを前提としている。各病院が有する資源の希少性と模倣困難性は，病院経営における持続的な競争優位の源泉となる。

　しかし，規制業種である病院には，一般事業会社と異なる規制が，経営上の制約となり，最適な資源配分を制限し，病院の業績に影響を及ぼしている。

　病院には安全性の確保を目的とした社会的規制として，組織運営に関する規制がある。

　遠藤（2007）は規制の根拠として，医療の質を担保する目的で規制しており，本来の医療の過程や結果を直接評価して規制することが難しいため，構造他を規制していると述べている。

　一般事業会社と異なり，病院の病院長には資格要件がある。病院の病院長は臨床研修を修了した医師でなくてはならない（医療法第10条）。そして，2つ以上の病院長を兼ねることは，都道府県知事の許可を得た場合を除き，不可である（医療法第12条）。この規制のため，いかに経営能力に優れた人物であっても，臨床研修を修了した医師でない限り病院経営のトップに就任することは不可となっており，経営手腕に優れた人材にとって病院経営における「参入障壁」を形成することになっている。

病院は，定められた人員と施設を有して，記録を備えなければならない（医療法第21条）。病床の種別に応じて医師，看護師，その他の従業者を雇用しなければならず，診療室，手術室，処置室，臨床検査施設，エックス線装置，調剤室，給食施設，診療に関する諸記録，その他厚生労働省令で定める施設が必要である。医療法は，最低限必要な人員と診療設備とその診療設備の面積等を定めており，例えば病院経営において人件費削減のための人員削除や，設備費用の圧縮目的での設備削減も限定的にならざるを得ないという特性がある。

病院組織は多くの専門スタッフと事務部門によって運営されている。病院のオペレーションの主役は，専門的訓練を受け，スキルが高く自分の仕事に対して大幅な権限を委ねられているプロフェッショナルであり，主体性と自立性を持ちたがるため，組織としての管理活動への関心はそれほど高くない。

医師をはじめとする専門職である診療スタッフが医療サービスの提供を行うこと，および病院の医事業務の窓口業務や会計業務等が行うルーティン業務は，組織能力のうち「オペレーション能力」である。一方，病院の企画部門，財務部門等の業務は「マネジメント能力」に相当する。

今日では，事務職による病院組織の全般に関わる組織能力である「マネジメント能力」が病院経営の要諦となっており，病院の業績格差は，「マネジメント能力」の違いが大きく影響を及ぼしている。

5．開設・増床に関わる規制と影響

病院の開設や増床を病院の都合で自由に行うことは，医療法による規制のため不可となっている。医療法は病院の開設・増床を次のように規制している。病院を開設する際は開設地の都道府県知事の許可を受けなければならない（医療法第7条）。

そして，病院の病床数や病床の種別等を変更する際は都道府県知事の許可を受けなければならない（医療法第7条2項）。この際に都道府県が定める「医療計画」において基準病床数に既に達している場合は，病院の開設および病院の

増床の認可を与えないことができる（医療法第7条の2）。

　地域医療計画に基づく，病床規制は，病院の開設や増床を規制するもので，病院経営に参入する際の「参入障壁」であると同時に，中小病院が大病院へ移行することを妨げる「移動障壁」となり，病院の業績に影響を及ぼすものとなっている。

6．専門職種別免許制度による規制と影響

　資源ベース・アプローチは，経営資源である人的資源と，その人的資源によって行われる組織能力は異質であることを前提としている。病院は，以下のように様々な資格を有する専門職者が定められた行為を行うところに，一般企業と異なる特殊性がある。

　病院従事者の職種として，医師，看護師，助産師，診療放射線技師，臨床検査技師，臨床工学技師，薬剤師，管理栄養士，栄養士，理学療法士，作業療法士，言語聴覚士，社会福祉士等があり，病院従事者で専門資格を有さないのは事務職のみと言われている。

　これらの職種は異なる資格要件に基づく免許制があり，業務範囲等は個別の法令によって定められている。例えば医師は医師法，看護師等は保健師助産師看護師法，診療放射線技師は診療放射線技師法，臨床検査技師は臨床検査技師法には「免許取得者でない者はこれらの業をしてはならない」等の業務独占規定と「名称を用いてこの業をしてはならない」等の名称独占規定がある。

　このうち医師は各身分法に規定する業務独占行為を行えるだけでなく，看護師，理学療法士・作業療法士等のコ・メディカルスタッフは，医師の指示・管理の下で業務を行うという構成になっており，医師は大きな権限を持っているという特徴がある。これは，病院における診療行為と診療報酬の発生は，医師が行うものと，医師の指示・管理の下で業務を行うことに起因しているからである。

　最近は，チーム医療の進展によって，患者を取り巻く様々な診療スタッフが

協力しながら治療に取り組むようになっている。そのため、「人的資源」である医師をはじめとするコ・メディカルスタッフが診療現場において活用する「オペレーション能力」の差が病院の診療実績の違いになっている。

　一方で「オペレーション能力」によって売上（医業収入）の増加に繋がるものの、費用の配分次第では医業利益の増加には繋がらない。そこで病院経営全般に係わる「マネジメント能力」が業績格差の要因となるのである。

　規制業種に属するわが国の病院は、社会的規制としての地域医療計画による病院の開設・増床の規制によって、新たな病院設立が制限されている。また経済的規制の非営利性に関する規制によって、病院経営に営利法人は参入ができない。

　このような「参入障壁」の存在の結果として、わが国の病院数は、1990 年の 10,096 施設をピークにその後漸減し、現在は約 8,300 施設となっており、病院数の減少は継続している。これは、規制による「参入障壁」は有効に機能したと捉えられ、既存病院にとって、5Forces の「新規参入の脅威」は軽減されるものとなった。

　わが国の病院は、経済的規制である、公定価格の存在によって、価格競争が発生しないため、売上（医業収入）を増やすために、来院患者・入院患者を増やし診療実績を増やすため、医療スタッフが治療・診療において現場オペレーションで活用する「オペレーション能力」の差が問われることになる。しかし、売上（医業収入）増加以上に人件費をはじめとするコストが増加しては、結果として病院の収益に結びつかない。そのため適正な利潤の追求のための人件費をはじめとするコストを適正に調整する「マネジメント能力」の差が病院業績に反映されることとなる。

　病院組織は前述のように多くの専門スタッフと事務部門によって運営されている。今村他（2006）は、病院経営の方向性をもって動かすには、企画、予算、人事が必要であり、組織が何をして将来どうするのかの方針決定（企画）、資金をどのように投資回収していくか（予算）、人をどのように配置するのかが必要になる。と述べ、事務職によるマネジメントの重要性を謳っている。

　亀川（2007）は，医療経営には，芸能界におけるタレントとマネージャーのように医療行為と経営の分離が求められていると述べている。優秀なマネージャーはタレントの能力を発揮する仕事を創造するように，大学においても，教授による教育と職員による経営は分離が求められているとして，病院組織における事務職による経営マネジメントの重要性を謳っている。

　今日では，事務職による病院組織の全般に関わる組織能力のうち「マネジメント能力」が病院経営の要諦となっている。そのため，病院の業績格差は，「マネジメント能力」の違いによってもたらされるのである。

【ディスカッション】

◎　規制が所属先組織の経営に及ぼす影響について論じてください。

考えてみよう！

【参考文献】

今村知明・康永秀生・井出博生（2006）『医療経営学』医学書院.

遠藤久夫（2007）「医療における競争と規制」西村周三・田中滋・遠藤久夫（編著）『医療経済学の基礎理論と論点』勁草書房，pp.123-151.

亀川雅人（2007）「医療経営の特殊性」亀川雅人（編著）『医療と企業経営』学文社，pp.1-21.

厚生省医務局（1955）『医制八十年史』印刷局朝陽会.

厚生省健康政策局指導課（1990）『医療法人制度の解説』日本法令.

真野俊樹（2006）『入門医療経済学』中央公論新書.

───── 第13章 ─────

病院経営における競争優位の源泉について

　病院経営における競争優位の源泉が，外部のポジショニングと，内部の資源ベースのどちらにあるのかを実証検証した結果は次のようなものであった。

　外部環境要因は，病院業績に及ぼす影響度合いは軽微であり，内部経営資源・組織能力要因が病院経営に及ぼす影響が大きいことを検証した。

　このことは，わが国の病院経営においては，競争優位の源泉を病院の外部環境に見るポジショニング・アプローチよりも，病院の内部に見る資源ベース・アプローチが有意であると捉えられる。さらに，内部要因が病院の経営成績に及ぼす影響の検証結果は，内部経営資源では「実働規模」で表される病床数が多いこと，「100床当たり医師数」で表される医師が多く勤務していることが，病院業績への影響が大きいことを検証した。そして，組織能力では「病床利用率」を向上し，「人件費率」を調整する，病院経営全般に係わる組織能力を活用する「マネジメント能力」が，病院経営における競争優位の源泉であることを明らかにした。

1．研究方法

　日本赤十字病院を対象に，競争戦略論の枠組みで病院の業績に影響を与えている要因を，ポジショニング・アプローチによる外部環境要因と，資源ベース・アプローチによる内部経営資源要因・組織能力要因のいずれの影響が大きいのかを検証した。

図表 13 － 1　研究のフレームワーク

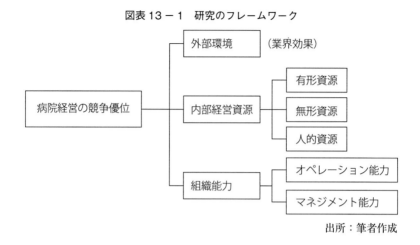

出所：筆者作成

　外部環境要因の分析は，ポジショニング・アプローチによる日本赤十字病院を研究対象として，5つの競争要因（5Forces）の概念によって外部環境要因となる変数を抽出し，病院業績への影響を検証した。

　内部経営資源と組織能力の分析は，資源ベース・アプローチによる内部経営資源要因・組織能力要因の変数を抽出し，病院業績への影響を検証し，病院経営における競争優位の源泉を考察した。

　研究にあたり，経営成績の上位病院群と下位病院群には「移動障壁」が存在することを前提として，個別病院の業績格差は，個別病院間の模倣障壁である「隔離メカニズム」「資源ポジション障壁」によってもたらされるという理論前提において検証している。

2．外部分析のフレームワーク

　病院経営は，同じ3次産業のサービス業に属する小売業や飲食業のように，病院の立地環境や病院取引関係者の動向等の外部環境の影響を受けるものとして，外部分析のフレームワークを以下で述べる。

　持続的競争優位の源泉を，企業の外部の環境に見るポジショニング・アプ

ローチは，業界の構造分析方法で 5 つの競争要因（5Forces）である①新規参入
の脅威，②代替製品の脅威，③顧客の交渉力，④供給業者の交渉力，⑤競争業
者間の敵対関係，により業界の収益率が決まると述べ，業界の競争要因からう
まく身を守り自社に有利な位置を業界内に見つけることが必要であるとしてい
る。

3. 内部分析のフレームワーク

　個々の病院は，開設からの歴史，病院規模，診療科構成，医師をはじめとす
る医療スタッフ他の職員，資金保有状況等，病院の経営資源と，診療現場で行
われるオペレーションは個々の病院で大幅に異なっている。
　持続的競争優位の差異の源泉を，企業の内部に見る資源ベース・アプローチ
は，企業の生産資源の束は個々の企業によって大幅に異なっており，それらは
企業がたとえ同一業界にあっても根本的に異質であると提示している。
　病院経営においても，一般企業同様に内部経営資源や組織能力の違いによ
る，「個別病院間レベルの模倣障壁」は存在するため，資源ベース・アプロー
チによる「隔離メカニズム」・「資源ポジション障壁」を探求することは有意で
あろう。

4. 目的変数

　目的変数は，収益率を表す指標として修正医業利益率（EBITDA マージン（医
業利益＋減価償却費）÷医業収益）を用いる。

4-1 外部環境に係わる独立変数
　本研究では，外部環境に係わる独立変数の 8 指標の抽出は，5 つの競争要因
（5Forces）の概念を用いた。
　「新規参入の脅威」として「病床比率」の変数を用いた。

「業者間の競争」を表す変数として，病院数の多寡を表す指標の「二次医療圏病院数」，「県別10万人当たり病院数」と，医師数の多寡を表す指標の「県別10万人当たり医師数」，診療所数の多寡を表す指標の「県別10万人当たり診療所数」などの厚生労働省他が公表している指標を用いた。

「顧客の交渉力」を表す変数を，医療費の多寡を表す指標の「1人当たり県民医療費」と，患者数等の多寡を表す指標の「県別10万人当たり1日平均新入院患者数」，「県別10万人当たり1日平均外来患者数」などの厚生労働省他が公表している指標を用いた。

一方で，「供給業者による取引条件等交渉力」・「代替品の脅威」は，病院経営への影響は大きいものと考えられるものの，適切な変数の入手は困難であり本研究では使用を見送っている。

4-2　内部経営資源と組織能力に係わる独立変数

内部経営資源のうち，有形資源は，「病床数規模」・「財務状況」を表す変数を用いた。

無形資源は，病院の「設立経過年数」，「二次医療圏内病床規模順位」と，病院の患者の誘因状況を表す「100床当たり換算の新患者の来院数」を表す変数を用いた。

人的資源は，医療スタッフの配置状態を表す，「100床当たり医師数」，「100床当たり看護師数」の変数を用いた。

組織能力は，診療スタッフが診療で経営資源を活用する「オペレーション能力」として，「平均在院日数」，「1人1日当たり入院単価」，「1人1日当たり外来単価」，「100床当たり手術件数」の変数を用いた。

病院経営全般の組織能力を活用する「マネジメント能力」は，「病床利用率」，「医療機能評価取得状況」，「人件費率」，「材料費率」の変数を用いた。

4-3　重回帰分析と相関分析による検証

目的変数を修正医業利益率として，独立変数を外部環境変数・内部経営変数

図表 13 － 2　目的変数・独立変数記述統計量

	度数	最小値	最大値	平均値	標準偏差
修正医業利益率	91	-34.4%	10.5%	0.7%	8.2%
外部環境					
①病床比率	91	82.7%	167.7%	113.4%	16.3%
②二次医療圏病院数	91	3	193	43.9	37.1
③県別10万人当たり医師数	91	100.7	216.6	149.7	26.7
④県別10万人当たり病院数	91	3.9	18.1	7.6	2.9
⑤県別10万人当たり診療所数	91	55.7	105.7	76.7	12.8
⑥1人当たり県民医療費（千円）	91	330	518	424.6	60.1
⑦県別10万人当たり1日平均新入院患者数	91	20.7	40.2	32.1	4.8
⑧県別10万人当たり1日平均外来患者数	91	842.8	1,808.4	1,176.7	208.2
内部経営資源					
⑨実働規模	91	60	939	396.4	217.2
⑩流動比率	91	12.2%	1075.7%	150.2%	134.3%
⑪現預金有価証券残高（百万円）	91	25	7,731	1,190.6	1,577.3
⑫設立経過年数	91	3	122	67.1	22.2
⑬二次医療圏内規模順位	91	1	53	7.9	9.9
⑭100床当たり新患者数	91	453	19,922	6,171.5	2,589.4
⑮100床当たり医師数	91	4.6	32.3	17.1	6.5
⑯100床当たり看護師数	91	44.9	168.9	77.0	17.8
組織能力					
⑰平均在院日数	91	8.7	106.4	19.3	15.1
⑱1人1日当たり入院単価（円）	91	18,558	78,850	42,469	12,136
⑲1人1日当たり外来単価（円）	91	5,602	25,749	10,860	3,432
⑳100床当たり手術件数	91	9	3,257	1,424	672.4
㉑病床利用率	91	58.0%	109.8%	83.2%	8.1%
㉒医療機能評価取得（取得1，未取得0）	91	0	1	0.8	0.4
㉓人件費率	91	38.9%	96.4%	57.7%	10.0%
㉔材料費率	91	8.1%	43.3%	25.8%	6.5%

出所：筆者作成

による，重回帰分析と相関分析を用いた実証検証を行った。

　多変量解析ソフトによる目的変数を修正医業利益率として，独立変数を外部環境変数8項目・内部経営変数16項目とする5期間の重回帰分析と相関分析による分析を行った。

重回帰分析基本モデル等式

$$Y = \alpha + \beta 1 X1 + \beta 2 X2 + \beta 3 X3 + \beta 4 X4 + \beta 5 X5 + \beta 6 X6$$
$$\cdots\cdots + \beta 24 X24 + \varepsilon$$

Y：修正医業利益率（EBITDA マージン）

α：定数項

$\beta 1 \sim \beta 24$：偏回帰係数

X1 ～ X8：外部環境要因の8変数

X9 ～ X24：内部経営資源・組織能力要因の16変数

ε：残差項

4-4　分析結果

　重回帰分析の検証結果は，外部環境要因の変数と修正医業利益率の関係は統計的に有意でなく，一方内部経営資源・組織能力の変数と修正医業利益率の関係は統計的に有意であると認められた。

　本研究の検証結果は，病院の業績格差要因に，外部環境要因の影響はほとんど及ぼしておらず，内部経営資源・組織能力の要因が大きいことが検証された。

　そして，病院の業績格差要因に影響を与えているのは，内部経営資源要因の独立変数よりも，組織能力要因の独立変数の影響が大きいことが検証できた。組織能力のうち，現場の診療スタッフ他が経営資源を活用する「オペレーション能力」が病院間の業績格差に与える影響は限定的である。一方，病院経営全般に係わる組織能力を活用する「マネジメント能力」が病院間の業績格差への影響が大きいことが検証できた。

図表 13 − 3　重回帰分析・相関分析結果

	モデル1 16年度 β	γ	17年度 β	γ	18年度 β	γ	19年度 β	γ	20年度 β	γ	モデル2 16年度 β	γ	17年度 β	γ	18年度 β	γ	19年度 β	γ	20年度 β	γ	モデル3 16年度 β	γ	17年度 β	γ	18年度 β	γ
外部環境																										
①病床比率	.28	.10	-.05	.05	-.08	.10	-.02	.12	-.02	.11	.04	.10	-.17	.05	.00	.10	-.03	.12	-.07	.11	.28	.10	.17	.05	-.01	.10
②二次医療圏病院数	-.15	.04	.16	.13	.28	.23*	.23	.23*	.17	.23*	-.27	.04	.09	.13	.08	.23*	.10	.23*	.14	.23*	-.24*	.04	-.14	.13	-.03	.23*
③県別10万人当たり医師数	.43	.17	-.15	.11	-.08	.05	.08	.16	.19	.24*	.31	.17	-.17	.11	.05	.05	.10	.16	.28	.10	.05	.17	.02	.11	-.03	.05
④県別10万人当たり病院数	.33	.13	.35	.13	.31	.08	.18	.09	.06	.10	.51*	.13	.46*	.13	-.06	.03	.33	.09	.24	.10	.06	.13	.06	.13	.08	.08
⑤県別10万人当たり診療所数	-.02	.10	.23	.09	.13	.03	.08	.08	.13	.17	-.02	.10	.15	.09	.05	.03	.03	.08	.10	.17	-.03	.10	-.10	.09	-.02	.03
⑥1人当たり県民医療費	-.65	.04	-.56	.03	-.36	-.05	-.41	-.01	-.28	.02	-.61	.04	-.46	.03	-.18	-.05	-.33	-.01	-.17	.02	.14	.04	.14	.03	-.01	-.05
⑦県別10万人当たり1日平均入院患者数	.01	.07	.19	.08	-.28	-.09	-.08	.04	.44	.04	.04	.07	.25	.08	-.17	-.09	.03	.04	-.25	.04	-.10	.07	-.12	.08	-.14	-.09
⑧県別10万人当たり1日平均外来患者数	-.12	.07	.17	.08	.35	.04	.29	.10	-.33	.15	-.35	.07	-.11	.08	.13	.04	.03	.10	.08	.15	-.09	.07	-.02	.08	.12	.04
内部経営資源																										
⑨実働規模											.40	.22*	.10	.24*	.51*	.48**	.64*	.45**	.50*	.47**						
⑩流動比率											.53*	.53**	.38*	.38**	.55**	.49**	.33*	.34**	.33*	.34**						
⑪現預金有価証券残高											.05	.42**	.01	.30**	-.16	.39**	-.07	.34**	-.05	.40**						
⑫設立経過年数											.17	.30**	.28*	.37**	-.06	.21	-.16	.16	-.10	.16						
⑬二次医療圏内規模順位											.23	-.08	.04	-.12	.04	-.27*	.09	-.20	-.15	-.29*						
⑭100床当たり新患者数											.04	.10	.11	.18	.05	.19	.16	.18	.19	.23*						
⑮100床当たり医師数											.00	.23*	.05	.30*	-.11	.49**	-.17	.37**	-.42*	.40**						
⑯100床当たり看護師数											-.01	.17	.09	.25*	.25	.45**	.04	.30*	.28*	.40**						
組織能力																										
⑰平均在院日数（一般）																					-.02	.10	.02	-.03	.18*	-.29**
⑱1人1日当たり入院単価																					.12	.22*	-.10	.26*	-.03	.53**
⑲1人1日当たり外来単価																					.22	.36**	.21*	.33**	.10	.41**
⑳100床当たり手術件数																					-.02	.25*	.17	.36**	.17*	.50**
㉑病床利用率																					1.21**	.36**	.75**	.48**	.09	.60**
㉒医療機能評価取得																					.05	.35**	.06	.27*	.03	.34**
㉓人件費率																					-1.07**	-.30**	-.84**	-.54**	-1.22**	-.79**
㉔材料費率																					-.92**	.13	-.68**	.12	-.71**	.35*
R2	.10		.08		.14		.12		.16		.49		.39		.57		.39		.48		.79		.83		.85	
Adj. R2	.01		.00		.06		.03		.08		.38		.26		.47		.25		.36		.74		.79		.82	
F値	1.16		.91		1.70		1.40		1.90		4.35**		2.92**		6.07**		2.89**		4.20**		16.69**		22.42**		26.80**	

**P<.01　*P<.05

出所：筆者作成

図表13-3 つづき

	モデル3 19年度 β	19年度 γ	モデル3 20年度 β	20年度 γ	モデル4 16年度 β	16年度 γ	モデル4 17年度 β	17年度 γ	モデル4 18年度 β	18年度 γ	モデル4 19年度 β	19年度 γ	モデル4 20年度 β	20年度 γ	モデル5 16年度 β	16年度 γ	モデル5 17年度 β	17年度 γ	モデル5 18年度 β	18年度 γ	モデル5 19年度 β	19年度 γ	モデル5 20年度 β	20年度 γ
外部環境																								
①病床比率	-.04	.12	-.08	.11											.18	.10	.14	.05	-.01	.10	-.06	.12	-.10	.11
②二次医療圏内病院数	.06	.23*	.05	.23*											-.18	.04	-.07	.13	.06	.23*	.09	.23*	.08	.23*
③県別10万人当たり医師数	-.01	.16	-.08	.24*											.07	.17	.04	.11	-.05	.05	-.01	.16	-.01	.24*
④県別10万人当たり病院数	.12	.09	.12	.10											.07	.13	.01	.13	.08	.08	.18	.09	.17	.10
⑤県別10万人当たり診療所数	.00	.17	.06	.17											-.02	.10	-.08	.09	.04	.08	.02	.08	.07	.17
⑥1人当たり県民医療費	-.09	-.01	-.11	.02											-.02	.04	.06	.03	-.08	-.05	-.15	-.01	-.16	.02
⑦県別10万人当たり1日平均新入院患者数	-.03	.04	-.03	.04											-.08	.07	-.09	.08	-.13	-.09	-.01	.04	-.02	.04
⑧県別10万人当たり1日平均外来患者数	.05	.10	.17	.15											-.02	.07	.02	.08	.15	.04	.01	.10	.10	.15
内部経営資源																								
⑨実働規模					-.22	.22*	-.10	.24*	.08	.48**	.12	.45**	.09	.47**	-.12	.22*	-.11	.24*	.08	.48**	.17	.45**	.15	.47**
⑩流動比率					.16	.53**	.08	.38**	.24**	.49**	.12*	.34**	.12	.34**	.18*	.53**	.07	.38**	.25**	.49**	.11*	.34**	.11*	.34**
⑪現預金有価証券残高					.02	.42**	-.01	.30**	-.14*	.39**	-.07	.34**	-.03	.40**	.00	.42**	-.02	.30**	-.15*	.39**	-.07	.34**	-.01	.40**
⑫設立経過年数					.26**	.30**	.17*	.37**	.09	.21	.07	.11	.06	.16	.23*	.30**	.16*	.37**	.09	.21	.07	.11	.04	.16
⑬二次医療圏内規模順位					-.04	-.08	-.03	-.12	-.09	-.27*	.03	-.20	-.03	-.29*	.06	-.08	-.01	-.12	-.11	-.27*	.00	-.20	-.07	-.29*
⑭100床当たり新患者数					.08	.10	.14*	.18	.04	.19	.04	.18	.13*	.23*	.06	.10	.12	.18	.03	.19	.07	.18	.13**	.23*
⑮100床当たり医師数					-.26	.23*	-.25*	.30*	-.20	.49**	-.19*	.37**	-.30**	.40**	-.18	.23*	-.20	.30*	-.18	.49**	-.19	.37**	-.32**	.40**
⑯100床当たり看護師数					.22	.17	.04	.25*	.14	.45**	-.10	.30**	-.03	.40**	.20	.17	.06	.25*	.18	.45**	-.07	.30**	-.03	.40**
組織能力																								
⑰平均在院日数（一般）	.05	-.07	.16*	-.12	-.03	.10	.03	-.03	.22**	-.29**	.00	-.07	.18*	-.12	-.02	.10	.02	-.03	.24**	-.29**	.01	-.07	.17	-.12
⑱1人1日当たり入院単価	-.15	.41**	.02	.48**	.14	.22*	.08	.26*	.10	.53**	.08	.41**	.32*	.48**	.13	.22*	.07	.26*	.01	.53**	.00	.41**	.23	.48**
⑲1人1日当たり外来単価	.01	.29**	-.03	.33**	.18	.36**	.18	.33**	.09	.29*	.04	.29*	-.02	.33*	.15	.36**	.18	.33**	.09	.41**	-.01	.34**	-.05	.33*
⑳100床当たり外来件数	.08	.41**	.02	.44**	-.01	.25*	.10	.36**	.10	.50**	.07	.41**	.00	.44**	-.02	.25*	.12	.36**	.09	.50**	.02	.41**	-.03	.44**
㉑病床利用率	.09	.57**	.02	.47**	1.16**	.36**	.69**	.48**	.04	.60**	.16*	.57**	.11	.47**	1.09**	.36**	.69**	.48**	.02	.60**	.16*	.57**	.11	.47**
㉒医療機能評価取得	.06	.41**	.02	.46**	.02	.35**	.03	.27*	-.04	.34**	.01	.41**	.01	.46**	.00	.35**	.05	.27*	-.02	.34**	.02	.41**	-.01	.46**
㉓人件費率	-1.18**	-.79**	-1.30**	-.80**	-1.04**	-.30*	-.82*	-.54**	-1.15**	-.79**	-1.10**	-.79**	-1.14**	-.80**	-1.09**	-.30*	-.87*	-.54**	-1.16**	-.79**	-1.10**	-.79**	-1.15**	-.80**
㉔材料費率	-.61**	.18	-.65**	.29*	-.74**	.13	-.55**	.12	-.65**	.35*	-.63**	.18	-.58**	.29*	-.74**	.13	-.59**	.12	-.65**	.35*	-.61**	.18	-.58**	.29*
R2	.89		.88		.84		.86		.89		.91		.90		.85		.87		.90		.92		.92	
Adj. R2	.87		.86		.81		.82		.87		.89		.88		.80		.82		.86		.89		.89	
F値	38.05**		35.13**		24.30**		27.40**		38.60**		46.50**		43.40**		15.50**		17.70**		25.30**		30.80**		31.60**	

**P<.01 *P<.05

5．経営成績の上位病院群と下位病院群の経営内容の差異について

　検証方法として経営成績が良好な上位病院群と，経営成績が不芳な下位病院群に分類する。分類された上位病院群と下位病院群には，業種内における戦略グループ間の「移動障壁」が存在すると捉える。

　統計解析手法の分散分析により，上位病院群と下位病院群の外部環境要因の独立変数の平均値と，内部経営資源・組織能力の独立変数の平均値に，差異が生じている指数を検証することで，病院経営における競争優位の源泉を考察することを目的とする。

6．分析結果

6-1　外部環境要因変数の差異の検証

　赤十字 91 病院の所在地に係わる外部環境要因の独立変数のうち，上位病院群と下位病院群の独立変数の平均値で差異が検証できたものは，「二次医療圏病院数」，「県別 10 万人当たり医師数」，「県別 10 万人当たり診療所数」である。一方，「病床比率」，「県別 10 万人当たり病院数」，「1 人当たり県民医療費」，「県別 10 万人当たり 1 日平均新入院患者数」，「県別 10 万人当たり 1 日平均外来患者数」は，5 期間のいずれにおいても 5% 以下の有意確率を示しておらず，上位病院群と下位病院群の独立変数の平均値の差異は検証できなかった。

　外部環境を表す独立変数の平均値に，上位病院群と下位病院群に大きな差異は見られず病院数，患者数，医療費，医師数，診療所数等の病院を取り巻く外部環境の違いは，病院経営に影響を及ぼしていないと捉えることができる。

6-2　内部経営資源要因変数の差異の検証

　内部経営資源要因の独立変数のうち，上位・下位病院群の経営指標の平均値

の差の検証で，5％以下の統計的に有意な水準を5期間にわたって示した変数は，有形資源の⑩「流動比率」，⑪「現預金有価証券残高」である。また，4期間で差異を示しているのは，有形資源の⑨「実働規模」，無形資源の⑫「設立経過年数」，人的資源の⑮「100床当たり医師数」，⑯「100床当たり看護師数」である。

6-3　組織能力要因変数の差異の検証

　組織能力要因の「オペレーション能力」で上位・下位病院群の独立変数の平均値の差の検証で5％水準以下の有意な独立変数のうち，5期間にわたって差異を示した指標は⑲「1人1日当たり外来単価」，⑳「100床当たり手術件数」である。また⑱「1人1日当たり入院単価」は4期間で上位・下位病院群の独

図表13－4

		16年度			17年度			18年度			19年度			20年度		
		平均値	標準偏差	F値	平均値	標準偏差	F値	平均値	標準偏差	F値	平均値	標準偏差	F値	平均値	標準偏差	F値
外部環境																
①病床比率（％）	上位	109.4	11.5	0.3	108.4	11.7	0.1	109.8	11.6	0.2	115.8	17.0	2.2	116.8	18.3	1.3
	下位	109.6	14.6		109.5	10.2		108.2	10.0		107.1	9.6		113.6	17.6	
②二次医療圏病院数（施設）	上位	46.5	46.5	0.1	46.8	38.5	1.1	49.4	38.8	1.3	72.2	53.3	8.2 **	67.2	46.1	10.7 **
	下位	44.6	44.6		34.0	28.0		33.6	27.3		27.9	14.0		30.9	16.7	
③県別10万人当たり医師数（人）	上位	143.5	25.1	0.1	140.7	27.8	1.3	138.4	24.8	2.2	154.2	31.8	1.3	165.0	28.5	9.7 **
	下位	139.3	22.1		137.6	21.1		138.8	20.7		137.5	17.6		147.3	22.1	
④県別10万人当たり病院数（施設）	上位	8.2	3.0	0.5	7.8	3.0	0.1	8.2	3.6	0.5	7.6	3.7	0.1	7.8	3.2	0.2
	下位	8.0	2.6		7.6	2.5		7.4	2.3		7.4	2.6		7.6	2.5	
⑤県別10万人当たり診療所数（施設）	上位	76.3	12.8	0.2	74.6	14.0	3.8 *	71.9	13.8	4.5 *	81.2	15.6	2.6	85.2	12.3	12.3 **
	下位	73.5	15.7		69.9	11.3		71.5	9.9		70.8	10.3		73.5	10.4	
⑥1人当たり県民医療費（千円）	上位	385.3	57.6	1.7	394.8	56.6	0.5	396.5	61.8	0.8	406.4	55.3	1.1	427.5	55.3	0.3
	下位	410.4	60.2		410.7	64.5		401.1	63.2		423.0	65.0		429.5	60.0	
⑦県別10万人当たり1日平均新入院患者数（人）	上位	31.1	4.4	0.5	31.1	5.3	0.6	30.9	5.6	1.2	30.6	4.5	1.2	32.3	4.5	2.7
	下位	32.5	5.2		31.9	5.2		32.5	4.6		32.8	4.6		33.6	4.5	
⑧県別10万人当たり1日平均外来患者数（人）	上位	1,306.2	214.4	0.6	1,291.8	229.1	0.2	1,248.8	230.4	0.7	1,189.6	210.8	0.3	1,217.5	208.2	1.3
	下位	1,371.2	253.9		1,317.7	250.3		1,207.7	227.6		1,198.2	257.8		1,185.4	231.1	
N	上位	27			27			24			18			30		
	下位	18			22			23			15			25		

出所：筆者作成

図表13－4　つづき

		16年度			17年度			18年度			19年度			20年度		
		平均値	標準偏差	F値	平均値	標準偏差	F値	平均値	標準偏差	F値	平均値	標準偏差	F値	平均値	標準偏差	F値
内部経営資源																
⑨実働規模（床）	上位	445.0	224.0	0.5	499.7	203.2	4.9*	504.4	216.9	15.3**	597.7	208.2	18.5**	555.0	215.0	21.1**
	下位	374.0	253.0		310.6	199.7		221.8	132.6		203.0	149.8		241.7	158.6	
⑩流動比率（%）	上位	402.9	273.9	13.4**	402.2	445.5	5.9**	376.2	248.3	11.7**	243.0	122.7	9.4**	199.3	95.4	4.5*
	下位	115.4	92.1		122.5	129.6		159.3	137.1		74.1	56.1		94.6	82.0	
⑪現預金有価証券残高（百万円）	上位	2,662	2,802	11.4**	3,440	3,572	14.7**	2,893	2,681	8.5**	3,960	3,141	33.7**	2,510	2,088	24.4**
	下位	325	246		551	795		332	250		250	155		330	355	
⑫設立経過年数（年）	上位	72.4	20.0	2.8	76.1	18.1	7.5**	72.8	15.6	3.3*	82.1	18.5	7.0**	77.3	20.6	5.2**
	下位	60.4	24.8		53.6	26.1		56.5	15.2		57.5	17.0		62.4	15.6	
⑬二次医療圏内規模順位（位）	上位	8.1	11.5	0.2	6.3	10.4	0.6	5.4	7.8	8.1**	5.3	10.6	2.1	6.6	10.5	2.0
	下位	9.1	10.2		9.0	9.1		14.6	14.9		12.3	9.6		11.3	9.9	
⑭100床当たり新患者数（人）	上位	7,497.0	3,091.6	1.1	7,093.1	2,730.9	1.9	7,059.2	2,603.5	2.0	7,809.7	2,645.4	3.1	7,224.4	1,786.7	4.0*
	下位	6,251.6	2,628.0		5,850.8	2,276.9		5,853.8	2,735.7		5,438.2	1,878.3		5,776.2	3,622.7	
⑮100床当たり医師数（人）	上位	15.9	5.9	2.2	15.7	5.7	4.7*	17.9	5.6	19.0**	22.2	6.9	15.9**	22.6	6.3	26.4**
	下位	12.7	4.3		12.4	4.8		9.9	3.6		11.9	5.1		13.2	4.4	
⑯100床当たり看護師数（人）	上位	70.4	13.2	1.8	74.3	16.9	5.4**	77.5	19.3	19.2**	82.8	15.8	7.7**	86.4	21.5	8.5**
	下位	64.0	12.1		61.6	12.6		55.9	8.8		61.7	12.4		68.3	13.1	
組織能力																
⑰平均在院日数（日）	上位	17.5	8.5	0.1	17.0	8.9	0.5	14.5	3.4	15.4**	20.3	26.8	1.1	17.1	17.1	0.5
	下位	18.3	5.1		18.5	5.3		20.6	7.2		24.9	12.0		21.3	10.3	
⑱1人1日当たり入院単価（円）	上位	40,213	10,603	2.9	42,378	10,172	6.3**	46,159	11,005	23.1**	51,303	12,780	18.0**	51,324	11,401	19.6**
	下位	34,176	8,560		33,541	9,506		28,495	8,645		30,251	9,155		34,404	9,990	
⑲1人1日当たり外来単価（円）	上位	10,487	2,712	5.7**	11,064	2,805	6.9**	11,567	3,704	6.4**	12,207	3,113	8.9**	12,565	3,508	10.2**
	下位	7,929	1,686		8,394	1,919		8,684	2,340		7,893	2,132		8,740	2,261	
⑳100床当たり手術件数（件）	上位	1,715	769	3.8*	1,844	750	10.0**	1,860	738	15.6**	2,033	793	19.4**	1,853	660	12.7**
	下位	1,255	630		1,064	531		909	564		799	390		1,069	560	
㉑病床利用率（%）	上位	89.5	5.2	10.5**	90.9	4.4	18.7**	89.3	5.8	23.2**	89.0	0.0	8.3**	87.0	0.1	11.6**
	下位	80.7	9.6		79.9	8.9		76.6	8.9		77.4	0.1		77.7	0.1	
㉒医療機能評価取得	上位	0.7	0.5	4.9**	0.8	0.4	3.0	0.9	0.3	8.9**	0.9	0.3	8.1**	0.9	0.3	8.7**
	下位	0.2	0.4		0.5	0.5		0.5	0.5		0.4	0.5		0.5	0.5	
㉓人件費率（%）	上位	49.9	6.3	24.8**	49.9	6.4	34.5**	48.6	6.1	41.4**	49.0	6.5	38.6**	51.2	6.0	35.6**
	下位	62.7	6.0		64.3	7.1		65.8	9.3		71.1	13.3		68.0	11.1	
㉔材料費率（%）	上位	27.5	7.0	0.8	28.3	7.1	2.2	28.9	0.1	4.7*	28.6	6.0	3.9*	28.7	6.6	6.0**
	下位	26.3	5.6		25.3	6.8		23.6	0.1		22.4	7.3		22.9	6.2	
N	上位	27			27			24			18			30		
	下位	18			22			23			15			25		

出所：筆者作成

立変数の差異を示している。尚，⑰「平均在院日数」は1期間のみ上位・下位
病院群の独立変数の平均値の差を示しており，上位病院群と下位病院群に大き
な差異は見られなかった。

7．研究結果

　多変量解析の重回帰分析と相関分析による病院の業績に与える外部環境要因
と内部経営資源・組織能力の影響度合いの検証を行った。その結果，病院業績
に与える影響は，外部環境要因はほとんど影響を及ぼさず，内部経営資源・組
織能力の影響が大きいことを検証した。

　内部経営資源の指標では，「実働規模」と「100床当たり医師数」の影響が
大きく，組織能力の指標では「人件費率」と「材料比率」の影響が大きいこと
を検証した。「人件費率」と「材料比率」を適正水準に調整する，「マネジメン
ト能力」の違いは，模倣困難性を有する「資源ポジション障壁」であり，競争
優位の源泉であると捉えられる。

　次に，統計解析の判別分析で，経営成績が良好な上位病院群と経営成績が不
芳な下位病院群に分類し，一元配置の分散分析により，上位病院群と下位病院
群の外部環境要因と内部経営資源・組織能力の独立変数の平均値に差異が生じ
ている指数を検証し，競争優位の源泉を考察した。

　その結果は，外部環境要因はほとんど影響を及ぼさず，内部経営資源・組織
能力の影響が大きいことを検証した。

　内部経営資源の「実働規模」の違いは，「100床当たりの医師数」「100床当
たり看護師数」の平均値の差異と同様に戦略グループの「移動障壁」を形成す
る競争優位の源泉と捉えられる。

　組織能力の，「病床利用率」の向上と，「人件費率」を適正に調整し，病院経
営全般に係わる組織能力を活用する「マネジメント能力」は多くの病院スタッ
フが係わることで実現される。「マネジメント能力」の違いは，病院間の業績
格差に強い影響を及ぼす模倣困難性を有する「資源ポジション障壁」とする競

争優位の源泉であると同様に，病院経営における戦略グループ間「移動障壁」
を形成するものと捉えることができる。

【ディスカッション】

◎　病院経営の競争優位の源泉について，所属組織の例から論じてください。

考えてみよう！

第14章

ナレッジ・マネジメント

　ナレッジ・マネジメントは，個人が有する知識を組織レベルに移転して，さらに組織が持つ知識を共有化し高めることで，企業の競争力を高めようとする考え方である。

　野中・竹内（1995）によって唱えられたナレッジには，個人が経験を通して暗黙のうちに持ち，明確な言葉や数字で表すことが難しいノウハウや技術などの「暗黙知」と，暗黙知を表出し文字や文章化されたマニュアルなどの「形式知」の次元がある。

　野中・竹内（1995）は，知識創造について以下のように述べている。知識を所有し処理する主要な主体は個人である。知識創造は，個人，グループ，組織

図表 14 − 1　SECI モデル

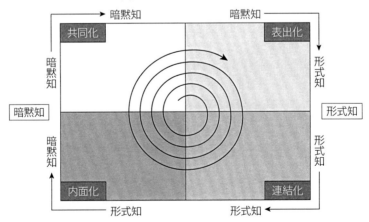

出所：野中・竹内（2020）p.106

の３つのレベルで起こり，個人と組織は相互作用を行い，知識の２分類の形式
知と暗黙知により，暗黙知から形式知へ，形式知から形式知へ，形式知から暗
黙知へ，そして暗黙知から暗黙知へと作用するとしている。

1．人間の知識２分類―形式知と暗黙知―

　形式知は，文法にのっとった文章，数学的表現，技術仕様であり，マニュア
ル等に見られる形式的言語で表すことができる知識―形式化が可能で容易に伝
達可能―西洋哲学の伝統において主要な知識のあり方である。

　暗黙知は，人間一人ひとりの体験に根ざす個人的な知識であり，信念，もの
の見方，価値システムといった無形の要素を含んでいる。人間の集団行動にと
ってきわめて大事な要素にもかかわらず，重要視されなかった。暗黙知は日本
企業の競争力の重要な源泉であった。そして，日本的経営が西洋人にとって謎
とされた最大の理由であった。

1-1　暗黙知の２つの側面
○技術的側面　ノウハウ，示すことが難しい技能や技巧，熟練職人の技術。
○認知的側面　メンタルモデル，思い，知覚。無意識に属し表面に出ることは
　　　　　　　ほとんどない。

図表 14 － 2　暗黙知と形式知の対比

暗黙知	形式知
主観的な知（個人知）	客観的な知（組織知）
経験知（身体）	理性知（精神）
同時的な知（今ここにある知）	順序的な知（過去の知）
アナログ的な知（実務）	デジタルな知（理論）

出所：野中・竹内（1995）p.89

1-2　知識創造の 3 つの特徴

＜表現しがたいものを表現するために比喩や暗喩が多用される＞

　比喩的表現によって，立場も経験も異なる個々人が想像力で何かを直感的に理解できるようになる。

＜知識を広めるために個人の知を他人にも共有されなければならない＞

　新しい知識は個人から始まり，その個人の知識が組織全体の知識に変換される。優れた研究者のひらめきが会社の新しい特許に結びつき，工場勤務者の長年の経験がプロセスイノベーションに繋がる。

＜新しい知識は曖昧さと冗長性のなかから生まれる＞

　曖昧さは新しい方向感覚の源泉。物事に新たな意味を見出す。そして，冗長性は頻繁なコミュニケーションを促す。情報共有という冗長性によって，新しい形式知が組織全体に広まり，一人ひとりのものになるのである。

2．SECI モデル

　個人が有する知識を組織レベルに移転して，さらに組織が持つ知識を共有化し高めることで企業の競争力を高めようとする考え方である。組織において暗黙知と形式知が循環し，新たなナレッジを生み出すプロセスを「SECI モデル」という。

3．変換モード

＜共同化　暗黙知から暗黙知へ＞

　共同化とは経験を共有することで，メンタルモデル，技能などの暗黙知を創造するプロセスである。ビジネスにおける OJT，模倣，練習など共体験によりスキルを学ぶことができる。職場を離れた酒席での議論も含まれる。

＜表出化　暗黙知から形式知へ＞

　暗黙知を明確なコンセプトに表すプロセスである。暗黙知が比喩，コンセプ

図表14－3　知識変換4つのモード　SECI モデル

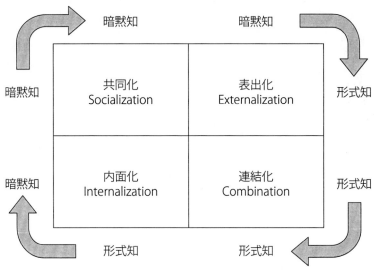

出所：野中・竹内（1995）p.93

図表14－4　知識スパイラル

出所：野中・竹内（1995）p.106

ト，仮説，モデルなどの形をとりながら次第に形式知として明示的になる点で知識創造プロセスのエッセンスである。コンセプトを練り上げるのに，比喩暗喩を使えば効果的である。

＜連結化　形式知から形式知へ＞

　コンセプトを組み合わせて１つの知識体系を創り出すプロセスである。この知識変換モードは，異なった形式知を組み合わせて新たな形式知を創り出す。書類，会議，伝達手段を通じて知識を交換しながら既存の知識を整理分類して組み合わせることで，新たな知識を生み出す。学校教育，MBA 教育はその典型である。

＜内面化　形式知から暗黙知へ＞

　形式知を暗黙知へ体化するプロセスである。行動による学習（learning by doing）と密接に関連する。個々人の体験が共同化，表出化，連結化を通じて技術ノウハウという形で暗黙知ベースへ内面化されるとき非常に貴重な財産になる。内面化には，書類マニュアル等言語化・図式化される必要がある。

【ディスカッション】

◎　暗黙知と形式知について，これまでに経験した具体例をあげてください。

◎　所属する組織における SECI モデルの事例をあげてください。

参考文献

　入山章栄（2019）『世界標準の経営理論』ダイヤモンド社.

　野中郁次郎・竹内弘高（1995）『知識創造企業』東洋経済新報社.

　野中郁次郎・竹内弘高（2020）『ワイズカンパニー』東洋経済新報社.

────── 第15章 ──────

ダイナミック・ケイパビリティと
両利きの経営

1. ダイナミック・ケイパビリティ

　ダイナミック・ケイパビリティとは，企業独自の資源ベースを継続的に創造・拡張・改良・保護し，価値ある状態に維持するために利用される組織能力のことである。企業が競合企業に打ち勝つための持続的競争優位を得るためには複製困難な知識や資産を所有することが必要であるが，さらにダイナミック・ケイパビリティが必要である。

　ダイナミック・ケイパビリティは次の3つに分解される。

① 機会・脅威を感知・形成する能力

② 機会を生かす能力

③ 企業の有形・無形資産を向上させ，結合・保護し，必要時には再構築することで，競争力を維持する能力

　ティース（2007）は，ダイナミック・ケイパビリティは企業の持つ経営資源を維持するだけではだめで，外部環境の機会・脅威を感知しそれらに対応するように内部経営資源を変えていくことが必要であると唱えている。

　そして，菊澤（2017）は，不確実な状況にあっても，必要な利益を獲得するように進化適応的に行動しプラスの利益を絶えず追求する能力がダイナミック・ケイパビリティであると述べている。

　菊澤（2019）は，ダイナミック・ケイパビリティとオーディナリー・ケイパビリティ（安定した状況で効率的な活動をさせる通常能力）を活用して，既存技術

138

図表 15 － 1

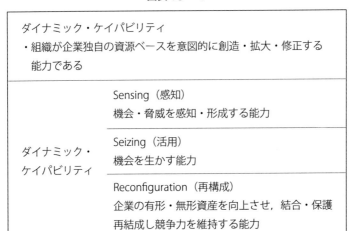

出所：Teece（2007）

図表 15 － 2　ダイナミック・ケイパビリティ

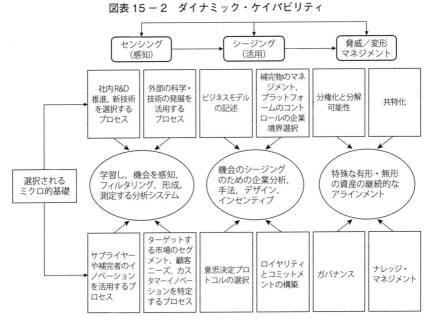

出所：Teece（2007）p.49

図表 15 - 3　ダイナミック・ケイパビリティの理論発展

視点	内容概略
経営者マネジメント	資産の新結合・共整合のオーケストレーションは，賢明な意思決定が必要になる。経営者のD・Cは，組織の資源ベースの意図的な創造・拡大・修正を実行する能力としての理論展開
リーダーシップ	経営者の行動 → 組織のD・Cの開発 → 組織のパフォーマンスと戦略的結果に影響を及ぼすものとする理論展開
組織プロセス	D・Cは組織の資源ベースの変化に関わっており，組織変化のニーズ・機会を識別し変化を遂げるため組織プロセスを利用しているとする理論展開
組織間関係	企業が提携を通じて他企業の資源・ケイパビリティを入手するような組織間関係に焦点を当てたD・C理論
M&A	企業が新しい資源を獲得する際の買収を活用するケースにおけるD・C理論の展開

出所：筆者作成

や資産を再構成，再配置，再利用して絶えず環境に適応して売り上げを増加させる必要があると述べている。

　Helfat et al.（2007）と Teece（2007）は，ダイナミック・ケイパビリティには様々なタイプがあり，新規事業への参入，既存事業の拡大，新製品を促すもの，収益性の高い企業の変化成長の主導に責任を持つ経営者の能力を必要とするタイプもあるとしており，内部成長，M&A，戦略的提携を通じた新規事業参入もダイナミック・ケイパビリティであると述べている。

●ケース　病院の全床を地域包括ケア病棟に転換

　右田病院（八王子市 82 床）は，2019 年に創立 100 年を迎えており，「救急の右田」として八王子市内の急性期病院としての役割を果たしてきた。2012 年に新病院を開設した後に 2018 年に病院全床を地域包括ケア病棟に転換している。

　病院の機能を変換したのは，地域の状況を分析し，かつ自院の患者の動向や医療提供内容を分析した結果，高度急性期医療に関しては大学病院や専門

病院が注力している一方で，当院は外傷救急の評判が高く，整形外科医が安定的に定着していたので高齢者外傷の地域ニーズに対応できるという考えがあった。そして，高齢者の救急医療を多く行う中で，急性期治療を終えてもすぐに在宅に戻れない方々の受け入れ先が必要なことを痛感したことも背景にあった。さらに季節要因で冬になると感染症の流行以外に転倒骨折患者も増えることで病床は満床状態になるが，高齢者は複数疾患を抱えているため在院日数が長くなり結果として入院単価の減少に繋がることになっていた。

　地域包括ケア病棟への転換は，現場の実態と経営面での両立を考慮したものであった。こうして救急患者の受け入れや手術や術後もしっかり行う地域包括ケア病棟病院となった。

　地域での自院の強みを活かしつつ，制度もうまく活用した運営モデルを構築している右田病院に注目する必要がある。

出所：フェーズ3　2020年3月号

●ケース　地域医療連携推進法人日本海ヘルスケアネット

　日本海ヘルスケアネットは2018年4月に発足した山形県北庄内地域の10法人が参加する地域医療連携推進法人である。山形県北庄内地域の3病院の他に地区医師会，歯科医師会，薬剤師会の三師会，3つの社会福祉法人と1つの医療法人の計10法人が参加している。当法人は地域包括ケアシステムの構築を実現するための役割を果たすべく設立されたものだが，地方では既に過疎化，高齢化，少子化が予想を超える速さで進んでいる。

　地域包括ケアに当たる各医療機関，介護施設も時代の縮小する速さに対応するには，これまでの個別の事業体による努力では経営上もスタッフ確保にも限界が見え始めて来ていた。このままでは地域の医療介護提供体制の持続性に強い危惧が予想され，この危機意識を共有したところから，この度の地域医療連携推進法人設立に至っている。

　法人の基本的考え方は地域の医療介護を守ることと，裏表の関係にある参加法人の事業持続性と，参加法人の費用管理を地域全体で行い，これまで事

業者ごとに行われてきた事業計画の意思決定と情報処理を新法人で一元化
し，設立理念に係る価値を共有することを大前提としている。

　同法人の基本理念は，庄内地域において急速に進む少子高齢化，過疎化の
状況の中で，山形県が進める地域医療構想の実現を図り，地域包括ケアシス
テムのモデルを構築し，医療，介護，福祉等の切れ目のないサービスを，将
来にわたって安定的に提供することを目指している。

　運営方針として，参加法人間において地域に必要な診療機能，病床規模の
適正化を図り，将来を見据えた医療需要に対応できるよう業務の連携を進
め，地域医療構想の実現を図る。

　地域包括ケアシステムの構築を行政と共に進め，地域住民が住み慣れた地
域で，切れ目なく適切な医療，介護，福祉，生活支援が提供できる取組みを
進める。参加法人の個性，特徴を活かした相互連携を進め，優秀な人材の育
成や持続可能な経営を通じて地域に貢献する。参加法人は，公共の福祉のた
めに，連携推進業務の推進を図る責任を負う。
を掲げている。

　出所：地域医療連携推進法人日本海ヘルスケアネット　Web サイトより

2．両利きの経営

　オライリー＆タッシュマン（2016）は，企業活動における両利きの経営を，
自社の既存の認知の範囲を超えて遠くに認知を広げる行為の「探索行動（exploration）」と，探索などを通じて試したことから，成功しそうなものを見極めて，
深掘りし，磨きこんでいく活動である「深化（exploitation）」という活動がバラ
ンスよく高い次元で取られていることであると述べている。そして，成熟事業
の成功要因は漸進型の改善と顧客への最新の注意と厳密な実行であり，新興事
業の成功要因は，スピード，柔軟性，ミスへの耐性であり，この両方が行える
組織能力を「両利きの経営」と呼んでいると述べている。

　両利きの経営は，ダイナミック・ケイパビリティの定義である「企業が急速

に変化する環境に対応するために，内外のケイパビリティを統合，構築，再構成する能力」をうまく活用出来ている。その結果，成熟事業（既存の強みを有効活用できる分野）と新領域（新しいことをするために既存の資源を使う分野）の両方で競争可能になっている。

入山（2019）は，両利きの経営について次のように述べている。

自社の既存の認知の範囲を超えて遠くに認知を広げていこうという行為が「探索」であるが，「探索」は，成果の不確実性が高くコストがかかる。一方で探索行動を通じて試したことから成功しそうなものを見極めて，それを深堀し，磨きこんでいく活動が「深化」である。不確実性の高い探索を行いながらも，深化によって安定した収益を確保しつつ，バランスを取って二兎を追いながら両者を高いレベルで行うことが両利きの経営である。

一般的に企業は事業が成熟するに伴い「深化」に偏っていく傾向がある。それは組織が目の前の事を優先することと，「探索」にはコストがかかり不確実性が高いので敬遠されがちになることが背景にある。

3．イノベーションストリーム

両利きの経営の「探索」行動について，イノベーションの視点から見てみる。イノベーションを起こすのは，新しい技術やビジネスモデルなどの新しい組織能力を身につける必要がある場合と，新しい市場や顧客の組み合わせに対応する場合がある。企業が競争可能な領域は4つある。

図表 15 − 4　両利きの経営　イノベーションストリーム

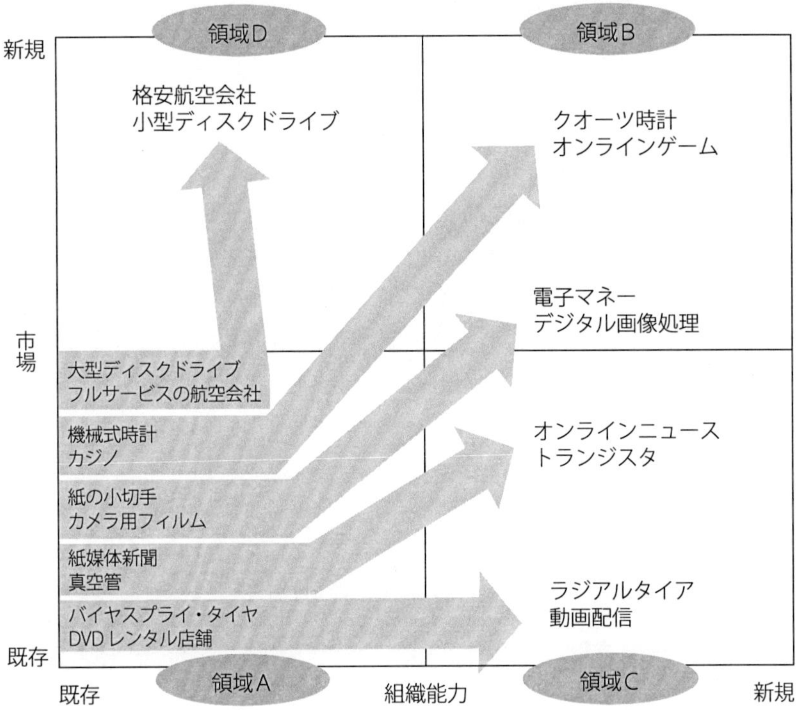

出所：O'Reilly & Tushman（2016）邦訳 p.58

領域A　既存の組織能力，既存の市場　深化にあたる

　既存顧客と市場に対して既存の組織能力の技術を拡張する。基本的に深化にあたる。企業が既存の組織能力を拡大し続け，新しい製品・サービスを既存市場に提供する場合である。

領域B　新しい組織能力，新しい市場　探索にあたる

　最も破壊的で脅威となる変化は，新しい組織能力の開発によって新しい顧客・市場に製品を売ることである。既存従業員以外の新しいスキルを持

った人の採用，試行錯誤による学習で新しい組織能力を開発することや，企業合併やライセンス獲得などの必要も生じる。

領域C　新しい組織能力，既存の市場　探索にあたる

　既存顧客向けに，新しい製品・サービスのための組織能力を開発していく。それほど破壊的ではないが，既存の市場顧客に新しい製品・サービスを提供するために，企業は新しい組織能力の開発が求められる。

領域D　既存の組織能力，新しい市場　探索にあたる

　企業が既存の組織能力を用いて新しい未知の市場・顧客セグメントに対応する場合である。使用する既存の組織能力を活用するが，市場は新しいため不確実であり顧客ニーズの把握が間違っている等の予想外の結果になることも多い。

4．富士フィルムの事例

　富士フィルムは，写真のフィルム事業から大きく事業ドメインを変更している（オライリー＆タッシュマン 2016）。同社の変革をイノベーションストリームの枠組みから取り上げる。

　2001 年に当社の世界のフィルム販売シェアは 37％であった。2000 年時点で同社のフィルム販売は売り上げの 6 割，利益の 7 割を占めていた。強力な製造スキルを持ち，X 線フィルム，写真現像，デジタル画像処理などの関連領域にも本業の銀塩フィルムの営業力を活用していた。

　一方で，世界のフィルムの売上は 2000 年をピークに 2005 年には半減している。この危機に対応するため，当社は化学分野の専門知識を新規市場に活かそうと努力を始めた。尚同業のコダック社は，あくまでも本業の写真事業の研究開発を収益化しようと知的財産権保護に向けて法務キャンペーンを積極的に展開

した。さらに多角化の取り組みを減らし，画像処理に集中するため化学品事業
とカメラ事業を売却している。

　当社は，古森重隆 CEO の采配下で，当社の技術資源や経営資源を活用でき
る分野の見極めによって，自社の独自技術を新しい製品・サービスに応用する
ことを重視するビジョンを打ち出している。古森 CEO が経営幹部チームに出し
た3つの課題は，イノベーションストリームのフレームワークを網羅していた。

　3つの課題は以下である。

①　既存技術で新しい市場に適用できることはないか（領域 D）

②　新しい技術で既存市場に適用できることはないか（領域 C）

③　新しい技術で新しい市場に適用できることはないか（領域 B）

　3つの新領域のそれぞれで本業（領域 A）を超えて成長する機会を体系的に
見定めることを指示していた。

図表 15 − 5　富士フィルムのイノベーションストリーム

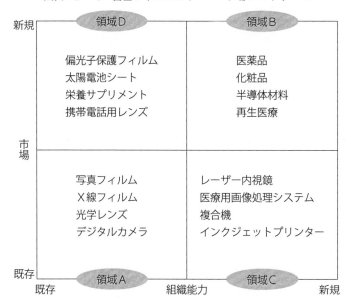

出所：O'Reilly & Tushman（2016）邦訳 p.147

　これを行うためにビジネスモデルを変更する必要があり，次のことを行っている。

　研究開発を中央に集約し，研究の初期段階と新技術に焦点を置き直した。関連する新しい組織能力を獲得するために積極的に M&A に取り組み始めた。従業員から出てきた新規事業案に資金を拠出できるように社内ベンチャーキャピタルのプロセスを用意した。古い組織を 14 のビジネスユニットに分けて，独自に新たなベンチャーを運営できるようにした。

　そして，当社が市場で差別化に利用できる 3 つの主要技術を突き止めている。それは，液晶ディスプレイや半導体の機能材料，界面化学の専門知識を使った医薬品，コラーゲンや抗酸化技術の専門知識に基づくアンチエイジング・クリームを使った化粧品である。既存の顧客に既存の組織能力を活かす取り組みを継続しながら，既存や新規の市場向けに組織能力を伸ばしていこうとした。ナノテクノロジーや界面化学などの既存の組織能力を新しい市場に適用すること（領域 D），新規市場と既存市場の両方について，M&A や人材投資を通じて新しい組織能力を開発すること（領域 B，領域 C）にも力を注いだ。

　これらの結果は図のように，エレクトロニクス事業（複合機，半導体材料，携帯用レンズ，液晶画面用フィルム），医薬品事業（アルツハイマー病，エボラ出血熱），化粧品事業（アンチエイジング・クリーム），再生医療事業（組織移植），医療機器事業（医療用画像処理，内視鏡），フィルム事業というように，革新となる組織能力を活用して多様な産業で見事に戦っている。

【ディスカッション】

◎　所属組織のダイナミック・ケイパビリティの事例について論じてください。

◎　同様に，所属する組織の両利きの経営の事例について論じてください。

考えてみよう！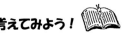

参考文献

O'Reilly, C. A. & M. L. Tushman (2016) Lead and Disrupt: How to Solve the Innovator's Dilemma, Stanford Business Books（入山章栄・冨山和彦・渡部典子 (2019)『両利きの経営』東洋経済社）.

Helfat et al. (2007) DYNAMIC CAPABILITIES, Blackwell Publishers Limited（谷口和弘・蜂巣旭・川西章弘 (2010)『ダイナミック・ケイパビリティ』勁草書房）.

Teece, D. J. (2007) "Explicating Dynamic Capabilities: The Nature and Microfoundation of (Sustainable) Enterprise Performance," Strategic Management Journal, Vol.28, No.13, pp.1319-1350.

入山章栄 (2019)『世界標準の経営理論』ダイヤモンド社.

菊澤研宗 (2017)『ダイナミック・ケイパビリティの戦略経営論』中央経済社.

菊澤研宗 (2019)『ダイナミック・ケイパビリティの経営学』朝日新聞出版.

広野彩子 (2020)『世界最高峰の経営教室』日経 BP.

第16章

ブルーオーシャン戦略

　キム＆モボルニュ（2015）は，競合他社との血みどろの戦いの場である「レッドオーシャン」を抜け出し，未知の市場空間「ブルーオーシャン」を生み出して，その市場において事業展開を図ることを述べている。ブルーオーシャンは，市場未開発であり，新たな需要創出によって利益の伸びが大いに期待できるものである。そして，レッドオーシャンの延長である既存産業の拡張によって生み出されるのである。

　レッドオーシャンから抜け出せない企業は，旧来のアプローチにより既存企業の枠組みの中で確かな地位を築くことで競合他社に打ち勝とうとするのに対して，ブルーオーシャン戦略によって成功する企業は，競合他社との比較や模倣を行わずに従来と異なる戦略ロジックであるバリューイノベーション（Value Innovation）に従っている。

　バリューイノベーションは，ライバル企業との競合ではなく，顧客や自社にとっての価値を大幅に高めて，競争のない未知の市場空間を開拓することで競争を無意味している。これは，価値（Value）と革新（Innovation）が等しく重んじられており，「価値とコストはトレードオフである」という競争戦略論の常識から解き離れている。これまでの競争戦略論の概念の差別化戦略は，価値を高めることはコスト増を覚悟する必要があり，コストを抑えることは価値の面で妥協するという考えが一般的である。競争戦略論においては，差別化戦略かコストリーダーシップ戦略のどちらかを選択することが戦略であると捉えられていた。

　しかし，ブルーオーシャンの創造を目指す企業は，バリューイノベーション

図表 16 － 1
戦略の比較　レッド・オーシャン VS ブルー・オーシャン

レッド・オーシャン	ブルー・オーシャン
既存の市場空間で競争する	競争のない市場空間を切り開く
競合他社を打ち負かす	競争を無意味なものにする
既存の需要を引き寄せる	新しい需要を掘り起こす
価値とコストの間はトレードオフの関係	価値を高めながらコストを押し下げる
差別化，コストリーダーシップ，どちらかの戦略を選択して企業活動をそれに合わせる	差別化と低コストをともに追求して，その目的のために企業活動を推進する

出所：キム＆モボルニュ（2015）邦訳 p.64

図表 16 － 2　バリューイノベーション

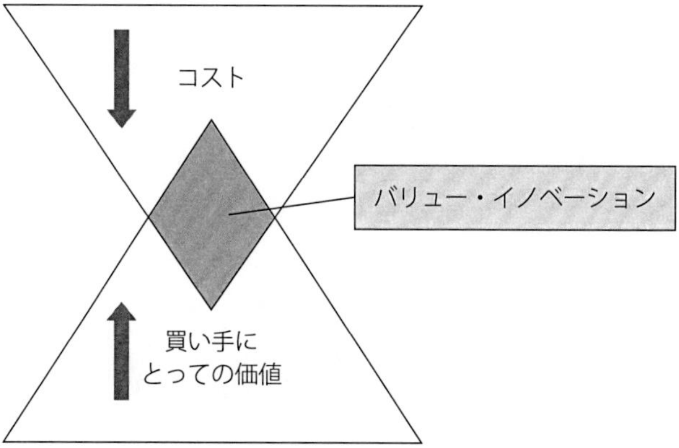

出所：キム＆モボルニュ（2015）邦訳 p.62

によって，差別化戦略と低コスト戦略を同時に実現しようとして，コストを押し下げながら，買い手にとっての価値を高めていくブルーオーシャン戦略を行っている。コストを下げるには，業界で常識とされる競争のための要素をそぎ落とし，買い手にとっての価値を高めるには，業界の未知の要素を取り入れることを行っている。そして，時間経過に伴い，優れた価値によって売り上げが伸びて規模の経済性が働くことでさらにコスト低減が実現している。

　ブルーオーシャン戦略の策定のための，差別化と低コストのトレードオフを解消して顧客価値を高めるために，4つのアクションによって新たなビジネスモデルの構築が可能になる。

　4つのアクションとして問われることは以下である。

① 業界常識として製品・サービスに備わっている要素のうち取り除くものは何か？

② 業界標準と比べて大きく減らすべき要素は何か？

③ 業界標準と比べて大胆に増やすべき要素は何か？

④ 業界でこれまで提供されていない今後付け加えるべき要素は何か？

図表 16 － 3　4 つのアクション

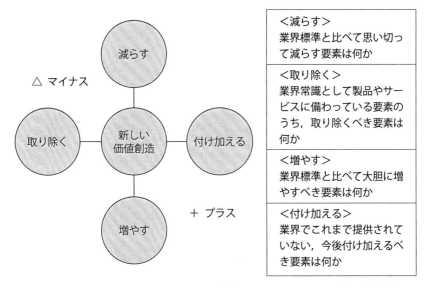

	<減らす>業界標準と比べて思い切って減らす要素は何か
	<取り除く>業界常識として製品やサービスに備わっている要素のうち，取り除くべき要素は何か
	<増やす>業界標準と比べて大胆に増やすべき要素は何か
	<付け加える>業界でこれまで提供されていない，今後付け加えるべき要素は何か

出所：キム＆モボルニュ（2015）邦訳 p.78

【ディスカッション】

◎　ブルーオーシャン戦略の事例について論じてください。

◎　所属する組織のブルーオーシャン戦略はいかがでしょうか。

考えてみよう！

参考文献

Kim, W. C. & R. Mauborgne（2015）Blue Ocean Strategy, Harvard Business School Publishing Corporation（入山章栄・有賀裕子訳『ブルーオーシャン戦略』ダイヤモンド社）.

Porter, M. E.（1980）COMPETITIVE STRATEGY, The Free Press（土岐坤・中辻萬治・服部照夫訳（1982）『競争の戦略』ダイヤモンド社）.

第17章

ポーターとクリステンセンによる
医療経営への提言

1．マイケル・ポーターによる医療経営についての提言

1-1　医療戦略の本質―価値を向上させる競争より―

　競争戦略論で著名なマイケル・ポーターは，医療戦略について価値を向上させる競争によって経営改革を行うべきと述べている。

　ポーター＆ティスバーグ（2006）は，まえがきで以下のように述べている。

　「なぜ医療では競争がうまく機能しないのか？」　この疑問から本書は誕生した！　民間業界では，競争こそ商品やサービスや品質やコストを改善させる原動力であり当たり前のこと。米国の医療システムは民間が中心で，世界で最も競争が激しいが，競争は不全で米国医療費は世界で一番高い！　医療システムの質の不安から，「部外者にとって手ごわい」医療と言う分野の問題に取りかかった。医療システムは複雑で診療は難解である。医師は医師でない者からの働きかけに対して懐疑的で，現場では「医療の場合は別です」「あなたには分からないだけですよ」と何度も言われた。そもそも医療では，「マネジメント」という言葉の評価はひくく，「ビジネス」にいたっては禁句に近い。多くの医師たちは「競争」とは「値下げ」と同義であり，「競争」は身勝手な行動を助長し，診療をないがしろにする厄介者と教え込まれている。

1-2　価値を向上させる競争の原則

　この本でポーター＆ティスバーグは，医療機関が取り組むべき価値を向上さ

図表 17 - 1

コスト削減だけでなく，患者にとっての価値にも着目する
診療実績に基づいて競争する
病態を軸とし，ケアサイクル全体で競争する
質の高い医療は低コストである
医療提供者の経験，診療規模，学習が価値を高める
地元地域だけではなく地方全域，国全体で競争する
医療の価値を向上させる競争のために，診療実績に関する情報を広く提供する
医療の価値を高めるイノベーションに手厚く報いる

出所：Porter & Teisberg（2006）邦訳 p.145

せる競争について次のように述べている。

・コスト削減だけでなく，患者にとっての価値にも着目する

　医療が目的とすべきは，患者にとっての価値，支出あたりの患者にとっての
アウトカムの質を高めること。コスト削減は大きな間違いである。価値の評価
はアウトカムとコストの両方を個別治療行為ではなく，ケアサイクル全体で評
価する。

・診療実績に基づいて競争する

　医療における価値を高める唯一の方法は，診療実績に基づく競争を取り入れ
ることしかない。競争の必要がなければ改善のインセンティブは働かない。

・病態を軸とし，ケアサイクル全体で競争する

　医療提供における事業対象は，ケアサイクル全体を通して扱う個々の病態価
値と実績を評価できるのは病態レベルのみである。病態の診断と治療には多く
の診療科と部門が係わり，複数施設も関与する。関係者間の情報共有や引継ぎ

方法の改善により患者にとっての価値は大幅に向上する。

・質の高い医療は低コストである

　質とコストが同時に改善しており，「コストと質のトレードオフは避けられ
ない」という考えや行動をしないことが極めて重要である。質とコストを短期
的に同時に改善できる余地がたくさん残されている生産性の限界，ある病態の
診療によって得られた健康上のアウトカムの質とそのために要したコストの総
額との相関がある。

・医療提供者の経験，診療規模，学習が価値を高める

特定の疾患への特化 → 経験の急速な蓄積 → 効率の向上 → より適切な情報診
療データ → より専任できるチーム → より特化した施設 → 購買力の向上 →
専門の細分化に対応できる能力の向上 → ケアサイクルでの守備範囲の拡大 →
IT の拡充や診療の評価，診療プロセスの改善に必要なコストに見合うだけの
患者数の増加 → 迅速なイノベーション→リスク調整後の診療実績の向上 →
より良い評判

・医療の価値を向上させる競争のために，診療実績に関する情報を広く提供す
　る

　意思決定は診療実績（ケアサイクル全体を通しての医学的なアウトカムとコスト）
に関する客観的知識に基づかなければならない。情報がなければ医療提供者の
診療を改善するモチベーションを欠くことになる。

・医療の価値を高めるイノベーションに手厚く報いる

　医療の価値を向上させる競争を導入 → 優れた医療提供者に治療を受ける患
者が増える，さらに医療のイノベーションに拍車がかかる。

2．医療機関の取るべき戦略

　医療機関は，医療の価値を提供している医療システムの中心的存在であるが，医療の価値を改善するような戦略や組織体制，業務運営が備わっていない。これまでの医療提供体制の弱点を克服し，医療にイノベーションを起こす唯一の現実的な方法として，

① 　医療業界にも診療実績に基づく生産的競争を導入すること
② 　医療提供者の持つべき目標を明らかにし，今の診療科目を見直すことで，戦略的課題を見出すこと
③ 　競争に必要な戦略上，組織上の課題への取り組み課題解決により，医療業界は生産的になる

とポーター＆ティースバーグ（2006）は述べている。

3．適切な目標設定

　これは，患者にとっての医療の価値を高めることであり，効果的な戦略を策定しパフォーマンス向上のためにするべきことは，患者にとって優れた医療提供の実現である。

　医療の価値とは，同業者と比較した経費当たりの健康上のアウトカムである。患者にとっての医療の価値は，病態レベルでのみ評価し同業者との比較によって検討される。同様の診療提供者に勝る実績を示す必要がある。財務的健全性を目標とすることが多いが，財務的実績は結果の 1 つであり目標ではない。医療価値を向上させるシステムでは，優れた実績によって多くの患者が集まることで効率が上がり，結果として利益が増す経験曲線効果が働くと捉えられる。

4．医療の価値を向上させる競争の移行

　病態を中心とする業務への再編の推進：これは疾患別再編であり診療科別再編ではない。提供する診療の範囲とタイプを選択し，選択と集中による対象病態の絞込を図る。医学的に統合された診療ユニットの組織化，診療科別組織から疾患別センター方式への移行。

　診療ユニットにおける独自の戦略立案：他との差別化（専門性，セカンドオピニオン，提携，診療時間他），診療ユニットごとの診療実績，診療経験，診療方法および患者属性の評価，診療実績の開示他。

5．医療提供による好循環

　特定病態への特化を図ることで，医療スタッフの経験がより蓄積されることで効率が向上し，医療機関の組織能力が向上し診療守備範囲が拡大すること

図表 17 － 2

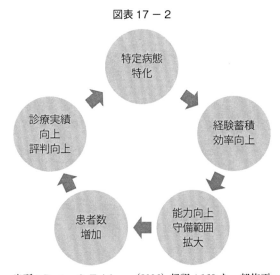

出所：Porter & Teisberg（2006）邦訳 p.169 を一部修正

図表17－3　ケアサイクルとしての医療のバリューチェーン

医療のバリューチェーン

ノウハウの開発	(診断実績の評価と追跡, スタッフ/医師の研修, 技術開発, 診療プロセスの改善)					
情報提供	(患者教育, 患者へのカウンセリング, 治療に先立つ教育プログラム, 患者のコンプライアンスに関するカウンセリング)					
患者評価	(検査, 画像診断, カルテ管理)					
アクセス	(外来受診, 検査受診, 入院加療, 患者の搬送, 訪問看護, 遠隔診療)					医療提供者の利益
モニタリング/予防 ・病歴 ・検診 ・リスク因子の特定 ・予防プログラム	診断 ・病歴 ・検査項目の特定と準備 ・データの解析 ・専門家との相談 ・治療計画の決定	準備 ・チームの選択 ・介入前の準備 　検査前 　検査後	介入 ・投薬の指示, 実施 ・処置の実施 ・カウンセリングセラピーの実施	回復/リハビリ ・入院患者の回復 ・入院患者と外来患者のリハビリ ・治療の微調整 ・退院計画の作成	モニタリング/管理 ・患者の病態モニタリング・管理 ・治療へのコンプライアンスのモニタリング ・生活習慣改善のモニタリング	

出所：Porter & Teisberg (2006) 邦訳 p.308

で，患者増加に繋がり，さらに診療実績が向上して地域での評判が向上することに繋がる。

6．クレイトン・クリステンセンによる医療提供についての提言

6-1　医療イノベーションの本質─破壊的創造の処方箋─

　イノベーション研究で有名なクレイトン・クリステンセン他 (2009) は，医療提供においてイノベーションの導入によって改革を目指すべき処方箋について言及している。

　クリステンセン他は，本書を著した理由について以下のように述べている。「医療は米国政府と企業にとって不治の病となっておりもはや崖っぷちである。医療制度に求めるものは，競争力があり，対応が素早く，患者主導であり，単価当たりの価値が明確に測定できることである。この本でイノベーションや制度改革を求める人々に指針と道筋を示したいと考えており，コストの削減と医療へのアクセスと質の改善という分野にどのようにイノベーションをもたらす

かについて論じるのである」

6-2　破壊的イノベーションの要素

　クリステンセンは，ほとんどの産業で当初は複雑で高価であった製品・サービスは，ある時点で変貌し手ごろな価格で保有し使用できるようになることをもたらす変貌の担い手を破壊的イノベーションと呼んでおり，それは，次の3つの要素からなっていると述べている。

① 複雑な問題を単純化する高度な技術

　ものごとを単純化する技術，直感に基づく無秩序な実験で解決していた問題を所定の方法で処理できるようにする技術。

② 革新的なビジネスモデル

　単純化された解決策を顧客にとって手ごろな価格で入手しやすいものにして，利益を上げながら顧客に提供するビジネスモデル。

③ バリューネットワーク

　産業インフラになるネットワークであり，参加企業は破壊的で相互補完的な経済モデルを持つ。

6-3　医療における破壊的イノベーション

　産業界で起こっている破壊的なイノベーションは，医療界にはまだ至っておらず，その理由は，ほとんどの診療が直感的医療であった2つのビジネスモデルである総合病院と診療所に固定化されているからであると述べている。そのうえで，医療における破壊的なイノベーションとして，次の3つの医療の破壊的なビジネスモデルを述べている。

①　ソリューションショップ型事業

　構造化されていない問題を診断し解決するビジネスモデル。

　高度急性期医療が相当し，総合病院，専門性の高い開業医による診断行為で仮説と検証によって行われる確定診断後の治療である。専門化スタッフによる職業的勘と分析，解決スキルを駆使する専門職が複雑な問題を診断して解決する。

　画像診断，血液や組織検体分析，身体所見等を収集し職業的勘に基づき症状の原因の仮説を立て，最善の医療を行う。

②　価値付加プロセス型事業

　資源のインプットを付加価値のあるアウトプットに変換するビジネスモデル。

　医療では，ソリューションショップ型事業で行われる確定診断がついた後の医療行為の多くが価値付加プロセス型事業である。例として，連鎖球菌性咽頭炎と診断された患者への看護師の医薬品処方，ヘルニア修復術，血管形成術，眼科レーザー手術，回復期リハビリテーション医療が相当する。

　価値付加プロセス型事業の業務は，ソリューションショップ型事業の業務と組織的に分断された場合に間接費は大幅に低下する。価値付加プロセス型事業の医療機関は，ソリューションショップ型ビジネスモデルの医療機関の医療行為のほぼ半額の値段で提供可能。

③　ネットワーク促進事業

　人々が何かを交換する場を提供するビジネスモデル。

　患者の行動変容が治療成功のカギとなる慢性疾患の診療においてネットワークが効率的なビジネスモデルになりうるが，まだわずかしかない。例として糖尿病患者と家族向けネットワークや慢性疾患に取り組むモデルとして進化したもの。患者ネットワークを作り，膨大なデータを活用し，患者が自分と似た状態の患者を見つけ，他患者と治療の進行を直接比較し，コミュニケーションを取ってお互いから学ぶもの。

7．病院のビジネスモデル

　総合病院の組織形態は直感的医療時代の賜物であり，本質的にソリューションショップ型事業であった。しかし，科学技術進歩により，確定診断された疾患は，標準化された処置や治療が可能な価値付加プロセス型事業に移行しているとクリステンセンは述べている。

　病院は価値付加プロセス型事業とソリューションショップ型事業が同一施設内に混在しており，病院の業務活動を2つのビジネスモデルである，ソリューションショップ型事業と価値付加型プロセス事業を分けるべきであると提言している。

　そして，価値付加プロセス型事業である総合病院の医療技術を入院医療から外来医療へ移行し，次に外来医療の医療技術を診療所へ移行し，さらに診療所の医療技術を在宅医療へ移行するべきと述べている。

図表 17 － 4　医療の破壊的イノベーション

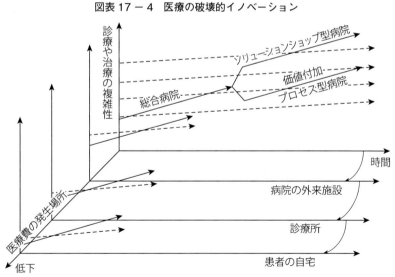

出所：Christensen et al.（2009）邦訳 p.136

　そして，破壊的ソリューションショップ型事業と付加価値型診療所が成長するにつれて，総合病院の必要数は減少していくと言及している。そして，医療の質を犠牲にせずにより手頃な価格で身近なものとする破壊的イノベーションが進むことを期待している。

【ディスカッション】

◎　ポーターとクリステンセンの述べる医療経営についての提言について，わが国の医療において，当てはまることと，当てはまらないことについて述べてください。

考えてみよう！

参考文献

Christensen, C. M., J. Grossman & J. Hwang (2009) The Innovator's Prescription ADisruptive Solution for Health Care, McGraw-Hill Global Education Holdings, LLC.（山本雄士・的場匡亮訳（2016）『医療イノベーションの本質』碩学社）.

Porter, M. E. (1980) COMPETITIVE STRATEGY, The Free Press（土岐坤・中辻萬治・服部照夫訳（1982）『競争の戦略』ダイヤモンド社）.

Porter, M. E. & E. O. Teisberg (2006) Redefining Health Care, Harvard Business Press（山本雄士訳（2009）『医療戦略の本質』日経 BP 社）.

第18章

経営分析に用いられるフレームワーク

1. 経営分析とフレームワーク

1-1 定量分析と定性分析

　定量分析は，数字を用いて特定の事象を表現したうえで，評価判断と意思決定がなされる一連のプロセスである。企業分析における財務分析は分析対象企業の財務諸表（貸借対照表，損益計算書等）により数字を用いて企業の財務状態を表現する典型的な定量分析を用いた分析手法である。

　一方，定性分析とは数字を用いないで特定の事象を表現したうえで評価判断と意思決定がなされる一連のプロセスである。企業分析における外部環境分析と内部経営資源分析によって企業の経営分析を行うことは，典型的な定性分析を用いた分析手法である。

　評価判断と意思決定のプロセスにおいて，定量情報と定性情報は独立して用

図表 18 － 1　定量情報と定性情報

	定量情報	定性情報
表現方法	数値	文章
情報例	財務諸表	業界特性
	販売数量	業界内ポジション
	販売シェア	業界規制動向
	生産数量	経営者資質
	従業員数	技術力
	営業所数	職員熟練度

出所：筆者作成

いられることはなく，定量情報と定性情報の両方を用いて企業分析等を行うのである。

1-2　定量分析の特徴と定性分析の特徴

（1）定量分析の特徴

① 数値化した情報データを用いて分析する

　定量分析の定義として数値を用いて分析し，その結果から数値の大きさや変化度合いによって分析を行う。

② 客観的である

　数値指標に基づいて分析を行うため，客観的に判断できるという優位性がある。

③ 説得力が増す

　数値を用いているため，意思決定の判断において効果的である。

④ 過去情報のデータである

　分析に用いられる数値は過去のものであり，結果として過去データを表すことになる。

⑤ 大局的に柔軟な情報は読み取れない場合もある

　客観的情報が得られるものの，過度に依存することで大局的な情報を活用できない危険性もある。

（2）定性分析の特徴

① 数値で表せない情報やデータを分析する

　定性分析の定義であり，数値による定量分析と異なり，定性情報間の階層性，因果関係，対局性などの構造を表すことができる。

② 全体の問題や論点を大局的に俯瞰することができる。

　直面する問題の全体像を眺めたうえで，何が問題となっているかを俯瞰できる。

③ 未来志向に関する内容を含む

　定量分析が過去データに基づく分析であるのに対して，現在の情報や将来展望など未来にわたる情報も分析対象である。

④ 主観的かつ探索的である

　数値に基づく分析でないため，客観的な根拠による分析ではなく，主観的である。試行錯誤的に探り求める意味合いは強い。

⑤ 評価リスクの考慮が必要である

　客観性に欠けるため，評価リスクを十分に考慮する必要があり，定量分析を用いた分析も必要になる。

　定性分析と定量分析は単独で行わずに，補完的に両方を用いて分析を行った方がより良い結果を得られ，合理的な評価や意思決定に役立つ。

　定量分析のみでは，数値の背後にある問題などのメカニズムを判断するのには不足であり，それらを補うために定性分析を用いることが必要になる。一方で定性分析は問題の構造や本質は大局的に把握することはできるが，定量分析の数値等による根拠によって客観性が増すことになる。定性分析と定量分析の関係は車の両輪に例えることができる。両輪のバランスがそろったうえで，適切で合理的な評価判断や意思決定を行うことができるのである。

　筆者は過去に銀行員として融資を行う時に企業分析を行ってきた。その際には，定量分析として財務分析を行い，さらに定性分析の信用調査を行った。この信用調査は，企業の属する業界動向，業界内のポジションの外部環境分析と，経営者の資質，企業の技術力，従業員動向などの内部経営資源分析を組み合わ

図表 18 - 2　定量分析と定性分析

定量分析のみを行う局面	定性分析のみを行う局面
問題構造，分析対象内容はわかっており，通常調査結果として数値指標を算出	まずは問題を大局的，多面的にとらえたい定性分析の特徴，とりあえず定性分析により大局性をつかむ
すでに定性分析で得られた情報を定量分析で検証したり，客観化したい 定性分析は現在から将来予測も含む。定量分析は過去実績による 経営環境が激しく不確実な環境下では，定性分析と定量分析を補完して活用すべき	現在の状況をおおまかに把握したい ヒアリング，アンケート調査等の定性データ・情報はリアルデータとして現在の状況を知るために活用される 例 景気動向調査 定量分析　景気判断 DI CI 定性分析　社長 100 人アンケート

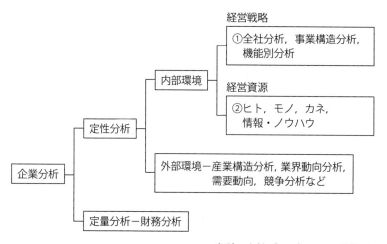

出所：中村（2009）pp.22-24 に基づき筆者作成

図表 18 - 3

出所：中村（2009）p.36 一部修正

せて行っていた。

　このように定量分析の財務分析と定性分析の信用調査の両方がそろって初め
て企業向け融資判断を行うことができるのである。

２．定性分析に用いるフレームワーク

　定量分析は数値を用いた分析であり，財務指標や非財務指標を用いて数量的
な分析が行われる。

　経営戦略の立案や分析に当たって，定性分析としてビジネスのうえでよく用
いられるフレームワークをわかりやすいように分類の上，どのような局面で使
用されるかを説明したうえで記載する。

　ビジネスのうえでの企業分析は，企業を取り巻く環境を把握したうえで分析
することが肝要である。分析は大きくは企業の外部にある外部環境と企業の内

図表 18 － 4　分析のフレームワーク

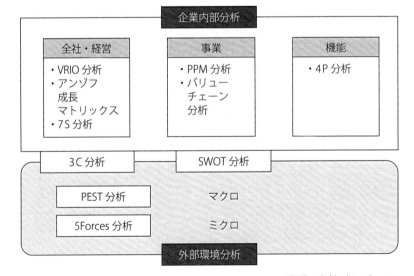

出所：中村（2009）p.73

部にある内部資源に 2 分することができる。したがってフレームワークは，次の 3 つに分類することができる。

① 企業の外部環境を大局的につかむフレームワーク
② 企業の外部環境と企業の内部経営資源を併せてつかむフレームワーク
③ 企業の内部経営資源をつかむフレームワーク

3．企業の外部環境を大局的につかむフレームワーク

　企業を取り巻く外部環境は，絶えず変化を遂げている。企業への外部環境からの影響は少なくないため外部環境の動向把握は必要になってくる。

　外部環境には，企業のコントロールが効かないマクロ環境と，ある程度はコントロールが可能なミクロ環境に分けられる。政治経済社会動向等のマクロ環境の分析に持ちられる「PEST 分析」と，企業が関わる顧客や取引先動向等のミクロ環境の分析に用いられる「5Forces」がある。

3-1　PEST 分析

　企業を取り巻く外部環境のうち，企業が直接コントロールできないマクロな環境を分析する際に用いられるフレームワークである。マクロ環境自体は企業がコントロールすることはできないものの，マクロ環境の情報を分析して今後の動向を予測し，企業にとって合理的な戦略を図るときに，PEST 分析が役に立つ。

　PEST 分析は，P 政治的要因（Political），E 経済的要因（Economics），S 社会的要因（Social），T 技術的要因（Technological）の頭文字から来ている。これら 4 つの要因に関するキーワードを表したものが次の表である。

　これらのキーワードを参考にして，マクロな外部環境の 4 つの要因を洗い出すことで，企業はそれらの影響に対する対応策を検討することになる。

　企業が PEST 分析を用いる際には，4 つの要因は自社にとって「機会」であるのか「脅威」であるのかを基準に 4 要因の総括を行うことで自社の取るべき対策と戦略を策定することも可能になる。

図表 18 - 5

4要因	分析内容
政治的要因 (Political)	・海外の政情不安 ・輸出入規制や外国為替規制の変更 ・税制・税率の変更
経済的要因 (Economic)	・サブプライムローン問題の波及 ・原油などの資源・エネルギー価格の高騰 ・為替の変動リスク ・株価の急激な下落
社会的要因 (Social)	・有能な人材確保のための競争激化 ・雇用の余剰感に伴う雇用調整
技術的要因 (Technological)	・技術革新における競争激化 ・規格・標準化競争の激化

出所：中村（2009）p.45

図表 18 - 6

4要因	機 会	脅 威
政治的要因 (P)	・生活習慣病（メタボ）検診の義務化	・医療費抑制策の推進 ・後発薬（ジェネリック）の使用促進
経済的要因 (E)	・医薬品の経済評価の必要性	・円高 ・為替レート変動
社会的要因 (S)	・健康志向 ・生活習慣病の回避	・企業経営の悪化 ・従業員の所得水準の低下
技術的要因 (T)	・iPS細胞など，日本発のバイオテクノロジーの発展	・技術革新の壁に直面 ・新薬の研究開発に莫大なコストがかかる
4要因の総括	世界・日本の経済危機に加え，新薬を研究開発する様々な困難が脅威となる	
対策・戦略	◎新薬の研究開発体制の強化―開発のスピードの効率アップ，自社商品の着実な成長 ◎グローバルな販売体制―海外シフトを念頭に入れた販路・売上げ拡大を狙う	

出所：中村（2009）p.80

3-2　5Forces

　企業を取り巻く外部環境のうち，企業が直接係りある程度はコントロール可能なミクロ環境を分析する5Forcesは，ポーターが業界内構造分析に用いるフレームワークとして提唱した。5Forces（5つの要因）は以下である。

・新規参入の脅威

　ある業界に他の業界から新たに参入することによって，競争が激しくなることから，結果として収益が低下する。新規参入の脅威がどれくらいあるかは，参入障壁がどのくらいあるいは既存業者の反撃の大きさによって決まる。

・代替製品の脅威

　代替製品は，現在の製品と同じ機能を果たすことができる他の製品を意味する。注意が必要な代替製品は，現在の製品よりも価格帯製品性能の比率がよい製品，あるいは高収益をあげている業界が生産している製品であり，この代替製品の改良で，業界の競争が激化することで，既存業界へのかく乱に繋がることもある。

・買い手の交渉力

　買い手は，価格の値下げを迫ったり，もっと高い品質やサービスを要求したり，売り手同士を競い合わせたりして業界の企業収益を下げる行動を行う。買い手がどれだけ力を持つかは，市場状況の特性に決まる他，買い手の業界全体に占める購入割合によって決まってくる。

・売り手の交渉力

　売り手である供給業者は，買い手に対して価格を上げる，あるいは品質を下げるということで交渉力を高めることができる。力のある売り手は力の弱い買い手業界から収益を奪うことができるのである。供給業者の力を強める条件は買い手に力を与える場合に似ており，次のような場合に売り手の力は強くな

図表 18 － 7　5Forces 分析

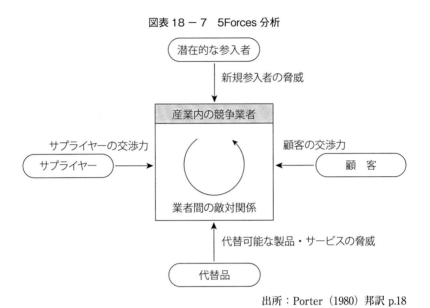

出所：Porter（1980）邦訳 p.18

る。売り手の業界が少数の企業によって支配されており，買い手の業界よりも
集約されている場合，価格品質取引条件の面で強力な力を発揮する。買い手が
供給業者にとって重要な顧客でない，あるいは供給業者の製品が買い手にとっ
て重要な仕入品である。供給業者の製品が特殊な製品であり，他の製品に変更
すると買い手のコストが増す場合。供給業者が川下統合に乗り出す姿勢を示す
場合に供給業者の力は強まるのである。

・競争業者間の敵対関係
　既存業者間の敵対関係は，価格競争，広告競争，新製品の導入，顧客サービ
スの拡大などの戦術を駆使して，市場地位を確保しようという形をとる。既存
業者間の敵対関係が激化するのは様々な構造的な要因によって引き起こされる
が，次のような場合に起こる。同業者が多く，似たような規模の会社がたくさ
ん存在する場合，業者間のせめぎあいは激しくなり，経営は不安定となる。
　5Forces 分析は，５つの力の個々または総合的な強さを分析することで，業

界における競争関係の構造を表し，自社が業界内競争構造においてどのような対応策と戦略を策定すべきかを明らかにすることができるフレームワークである。

4．企業の外部環境と企業の内部経営資源を併せてつかむ フレームワーク

　企業の外部環境のみでなく，企業の内部資源も加えたうえで多面的に分析するフレームワークは以下である。

4-1　3C 分析
　顧客（Customer），競合（Competitor），自社（Company）の3つの視点から分析するフレームワークである。3C 分析を通して，自社の取る戦略の方向性を探ることになる。3C のうち，顧客（Customer）と競合（Competitor）は外部環境のミクロ環境要因であり，5Forces の5つの要因に含まれるもので，自社（Company）は内部経営資源要因から分析することになる。3C 分析の3つの視点の分析テーマは以下である。

顧客（Customer）
　次の観点から市場や潜在顧客の動向を分析する。
　・マーケット規模の状況
　・マーケットの成長率状況
　・市場ニーズの動向
　・顧客の購買行動，購買に関する意思決定プロセス
　・顧客セグメント別の動向

図表 18 － 8　3C 分析

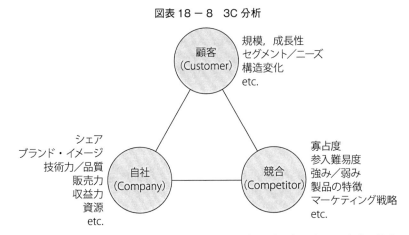

顧客
(Customer)

規模，成長性
セグメント／ニーズ
構造変化
etc.

シェア
ブランド・イメージ
技術力／品質
販売力
収益力
資源
etc.

自社
(Company)

競合
(Competitor)

寡占度
参入難易度
強み／弱み
製品の特徴
マーケティング戦略
etc.

出所：中村（2009）p.85 を基に作成

競合（Competitor）

業界の競合相手の分析を通して自社の状況を分析する。

・競合者数の状況

・競合相手の状況

自社（Company）

競合相手の状況を把握すると同時に自社の内部経営資源に関して分析する。

・自社の業績や戦略動向

・自社の経営資源の強みと弱みを知る

4-2　SWOT 分析

ハーバードビジネススクールのアンドルーズなどによって提唱された
SWOT 分析は，登場からおよそ 50 年以上経過しているが，現在でも経営分析
手法として頻繁に活用されている。

SWOT 分析は，強み（Strength），弱み（Weakness），機会（Opportunity），脅
威（Threat）の 4 つの頭文字から取っている。

図表 18 － 9

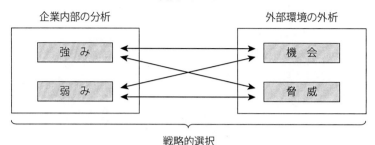

企業内部の分析　　　　　　　　　　　　外部環境の外析

| 強　み | 弱　み |

| 機　会 | 脅　威 |

戦略的選択

出所：Barney（2002）邦訳 p.47

図表 18 － 10　SWOT 分析

		外部環境	
		機　会 (Opportunities)	脅　威 (Threats)
内部環境	強　み (Strengths)	強みを機会に どう活かすか	強みで脅威を どう乗り越えていくか
	弱　み (Weaknesses)	弱みで機会を 逃さないために 何をすべきか	脅威を回避するために どう弱みを 克服していくか

出所：Barney（2002）邦訳 p.47 を基に作成

内部環境

強み（Strength）　その企業の持つ内部資源の強み

弱み（Weaknesses）　その企業の内部経営資源の弱み

VRIO 分析と組合せることで，より精緻な分析が可能になる。

外部環境

機会（Opportunities）　その企業にとっての外部環境における機会

脅威（Threats）　その企業にとっての外部環境における脅威

図表 18 － 11

	外部環境	
	【機会：Opportunity】 ・規制緩和 ・海外展開が容易 ・マスコミ受けしやすい	【脅威：Threat】 ・世界経済危機 ・天候不順 ・市場の縮小化に伴い，同業 　他社との競争環境の激化 ・少子高齢化が進展
内部環境　【強み：Strength】 ・企業認知度やブランド力 　は強い ・機能性に富んだカジュア 　ル衣料品の商品力が強い ・トップダウンによる意思 　決定が早い ・M&A が活発	【戦略 A】 ・海外企業も視野に入れた 　M&A や事業提携 ・海外での生産シフト ・不採算事業の早期撤退	【戦略 B】 ・若年層，女性層をターゲッ 　トにして，ファッションビ 　ルや駅ビルに出店 ・高齢者層をターゲットにし 　た商品開発 ・全天候型商品の開発
【弱み：Weakness】 ・組織の意思決定がトップ 　ダウン ・組織が硬直化，階層的 ・ノウハウ／情報／人材の 　相互交流が不十分	【戦略 C】 ・権限や責任の委譲・分散化 ・組織に柔軟性を持たせる ・グローバル人材，次世代経 　営者の育成	【戦略 D】 ・経営者や幹部クラスの育成 ・一般従業員の人材育成

出所：中村（2009）p.87

　企業の外部環境の分析（ポジショニングアプローチ）と企業の内部資源の分析（資源ベースアプローチ）を組み合わせて，企業のこれからの進むべき方向性を分析することが可能になる。外部環境の脅威の分析は，5Forces 分析を組み合わせることでより精緻な分析が可能になる。

　機会と脅威は企業の外部環境に関するものであり，強みと弱みは内部経営資源に関するものである。2×2マトリックスで構成される合計4つの要素のフレームワークである。

5．企業の内部経営資源をつかむフレームワーク

　企業の内部経営資源をつかむフレームワークは，全社レベルの分析，事業レベルの分析，機能レベルの分析と階層的分類によって行われる。

5-1　全社レベルの分析
（1）7S分析
　コンサルティング会社のマッキンゼー社のピーターズとウォーターマンによって開発された，企業戦略における7つの要素による分析フレームワークである。7つの要素の頭文字から7S分析としている。7つの要素のうち前半の3

図表 18 － 12　7S 図

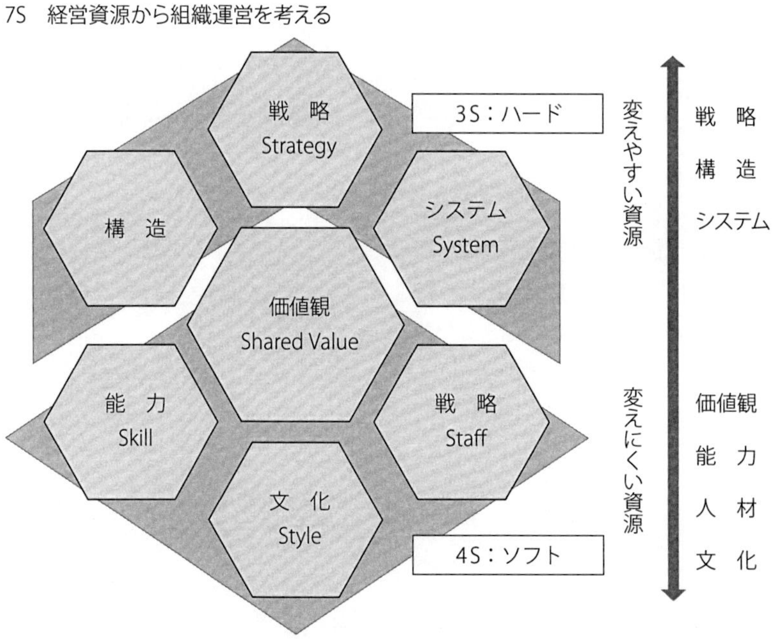

7S　経営資源から組織運営を考える

出所：中村（2009）p.89

要素はハードの S，後半の 4 要素はソフトの S としている。

ハードの S
　戦略（Strategy）　経営戦略や長期的経営計画
　組織（Structure）　組織図で表現される企業の組織構造
　システム（System）　組織を運営するための仕組みや制度

ソフトの S
　共通の価値観（Shared Value）　社員が大切に共有している価値観
　スタイル（Style）　組織の風土，あるいは行動や意思決定の際の傾向など
　人材（Staff）　人材の質や特徴
　スキル（Skill）　組織が保有する能力

　ソフトの S のほうがハードの S よりも変化するのに時間を要し変化に困難が伴う。7S 分析は戦略展開や問題分析のフレームワークではなく，企業理念の全体層を把握するためのフレームワークとして活用するのがよい。

（2）アンゾフの成長マトリックス
　企業の成長戦略の方向性を分析するために，市場と製品の組み合わせによる「成長マトリックス」というフレームワークによって類型化を行っている。

図表 18 － 13　成長ベクトル　製品－市場マトリックス

使命（ニーズ）＼製品	現在	新規
現在	市場浸透	製品開発
新規	市場開発	多角化

出所：Ansoff（1965）邦訳 p.137

> **市場浸透戦略**
> 　現在の市場において，現在の製品を用いて展開する戦略である。既存市場において売上げを伸ばすには，市場シェアを拡大する。需要規模を拡大する。という方向性がある。
>
> **市場開発戦略**
> 　自社の製品やサービスを今までに購入していなかった顧客層に提供する戦略である。例えば，首都圏で販売していた製品を北海道で新たに販売することが相当する。
>
> **製品開発戦略**
> 　既存市場の顧客層に対して，新たな製品やサービスを提供する戦略である。新規の特徴を付け加える。既存商品と異なる製品を開発する。大きさや色などの異なる追加商品を開発する。
>
> **多角化戦略**
> 　新製品や新サービスを，これまでと異なる新たな市場をターゲットとして事業展開するのが多角化戦略である。

　企業の事業展開においては，まず市場浸透戦略によって企業業績を伸ばそうと展開を図ろうとする。しかし，市場の飽和感から新製品開発あるいは新市場開発の戦略に転じることになろう。そのうえでリスクは高いが，多角化戦略を模索する展開となるであろう。

5-2　事業レベルの分析

（1）PPM（プロダクト・ポートフォリオ・マネジメント）分析

　多角化した事業方針の策定には，経営資源の配分への計画が必要になってくる。経営資源のうち資金の配分と事業製品別の戦略を分析する手法としてPPMがある。PPMは，自社の事業群や製品群について，潜在的な成長率と相対的市場シェアの観点から各事業のポジションを明確にし，キャッシュフロー

の創出と，事業に投下すべきかの意思決定のための分析手法である。

花形商品（Star）

　高成長で高シェアのセルで，シェアが高いため利益率が高く資金流入も多くもたらすが，成長のための先行投資も必要であり短期的には資金の創出源とはならない。

金のなる木（Cash Cow）

　低成長で高シェアのセルで，シェアの維持に必要な再投資を上回る多くの資金流入をもたらすので，他の事業群・製品群の重要な資金源となる。

問題児（Problem Child）

　低成長で低シェアのセルで，資金流入よりも多くの投資を必要とする部門であり，企業の選択肢として，積極的投資によって「花形商品」へ育成するか，放置して「負け犬」としてポートフォリオから削減するかの戦略を取る。

負け犬（Dog）

　低成長で低シェアのセルで，収益性は長期的に低水準であるが，市場成長率も低いため資金流出も少ない。

図表 18 - 14　PPM

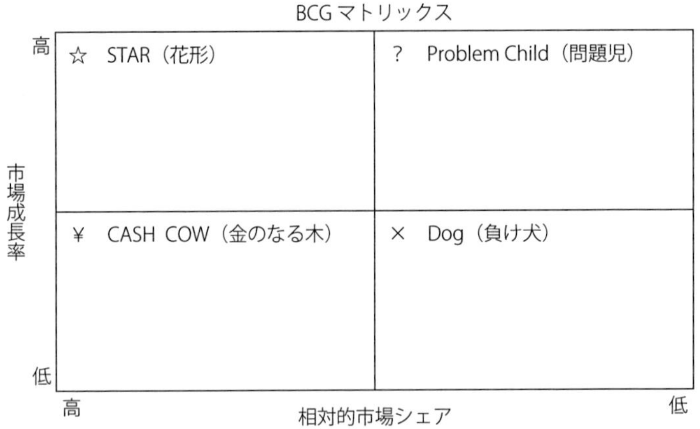

BCG マトリックス

高	☆　STAR（花形）	？　Problem Child（問題児）
市場成長率	¥　CASH COW（金のなる木）	×　Dog（負け犬）
低		

　　高　　　　　　　　相対的市場シェア　　　　　　　　低

5-3　機能レベルの分析

（1）4P 分析と 4C 分析

　マーケティングミックスとして分析される 4P 分析は，製品（Product），価格（Price），流通（Place），販売促進（Promotion）の 4 つの頭文字をとったものである。標的市場に対して企業がマーケティング施策に向けてコントロール可能な手段を組み合わせることである。最近では顧客視点から 4C 分析と言われることもある。4C は顧客ソリューション（Customer Solution），顧客コスト（Customer Cost），利便性（Convenience），コミュニケーション（Communication）の 4 つの頭文字をとったものである。

図表 18 － 15　4P

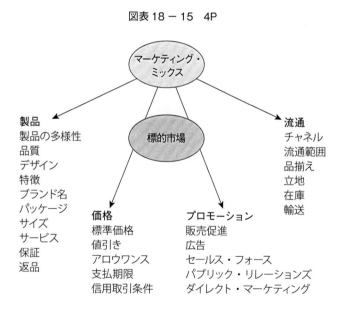

出所：Kotler & Keller（2006）邦訳 p.24

4P 分析

製品（Product）

標的市場に対して取り扱う製品をどのようにするかを設定する。取扱い製品の幅，深さなどの品揃えの他にデザイン，パッケージ，ブランドについての設定も含まれる。

価格（Price）

価格は製品やサービスが市場で取引される際に支払われる金額である。価値を顧客に表示する側面と，利益の源泉の側面があり，価格設定は重要な意味を持つ。関連して支払条件や契約条件等も含まれる。

流通（Place）

生産者から最終消費者へ販売されるまでの製品，お金，情報の流れであり，製品が最終消費者へ到達するのにどのような経路をたどれば最も効率的であるかを設定する。

販売促進（Promotion）

消費者に製品の存在を知ってもらうための PR として最適な手段について設定する。

4C 分析

顧客ソリューション（Customer Solution）

その製品・サービスは顧客にどのような価値をもたらすのか。顧客は製品・サービスにお金を払っているのではなく，その製品・サービスの価値に対してお金を払っている。

顧客コスト（Customer Cost）

その製品・サービスを手に入れるのにどれだけのコストがかかるのか。コストはお金だけではなく，購入にかかる時間や手間も含まれる。

利便性（Convenience）

その製品・サービスを手に入れるのにどれだけ手軽に購入できるのか。

顧客の求める価値に合致した入手容易性が求められる。

コミュニケーション（Communication）

　企業から発信するメッセージが顧客に正確に届いているのか，顧客の声が企業側に届いているのか，双方向からのコミュニケーションを円滑に取ることができる仕組みの構築が必要になる。

参考文献

Ansoff, H. I. (1965) Corporate Strategy, McGraw Hill, Inc.（広田寿亮訳（1969）『企業戦略論』産業能率大学出版部).

Barney, J. B. (2002) Gaining and Sustaining Competitive Advantage, Pearson Education, Inc.

Kotler, P. & Keller, K. I. (2006) Marketing Management 12th Edition, Pearson Education, Inc.

特定非営利活動法人経営能力センター（2015）『経営学の基本』中央経済社.

特定非営利活動法人経営能力センター（2015）『マネジメント』中央経済社.

中村力（2008）『ビジネスで使いこなす入門　定量分析』日本実業出版.

中村力（2009）『ビジネスで使いこなす入門　定性分析』日本実業出版.

―――― 第19章 ――――

経営戦略論を用いた企業信用調査
について

　経営戦略論を用いた銀行の企業向け信用調査について考察する。銀行は，預金者等の保護を確保するとともに金融の円滑を図るため，業務の健全かつ適切な運営が求められており，預金者からの預金を原資として企業向けの融資を行う間接金融はわが国国民経済の健全な発展に資するものと捉えられている。そのため，金融業者が取引先企業の実態と将来を予測し，信用状態を把握する銀行の信用調査は，貸出業務にとって不可欠のこととされてきた。

　経営戦略論の目的は，企業の持続的な競争優位の源泉を探ることを目的とし，企業間の競争における比較優位な収益を獲得する理由を考察するものである。本来，銀行が融資対象企業に行う信用調査と，経営戦略論が目的とするものは異なるものである。しかし，融資対象企業が業界の競合企業との比較において，競争優位の源泉を保持していなければ，当該企業の属する業界から淘汰されることになり，結果として貸出資金の回収も滞ることに繋がる。

　このような視点に立てば，銀行の融資対象企業に対する信用調査と，企業の競争優位の源泉を考察する経営戦略論の接点を見出すことも可能であり，信用調査の発展可能性に経営戦略論が貢献することができるものと思料する。

　銀行が，融資対象企業に対して行う信用調査はどのように行われているのか以下のように先行研究をレビューする。

　勝田（1912）は，銀行の「信用調査」は，信用調査・事業調査・大勢調査に3分類されるとしている。そのうちの信用調査は，対象企業の信用状態の調査を行い，事業調査は，企業の経済的価値を調査し，大勢調査は，業界の景気動

向を調査するものと述べている。その中では，企業の信用調査の要諦は，資産
状態を測定する流動力を測定するもので，資産（Capital），能力（Capacity），人
格（Character）の3Cである。人格（Character）は，人間信頼の程度で，過去
の経歴として沿革，基礎である。沿革は，企業の設立から今日までの沿革であ
る。基礎は，所在地，商品，特徴等である。能力（Capacity）は，営業上の技
量で，営業振りとして，金融関係，取引関係，同業関係がある。金融関係は銀
行取引状況であり，取引関係は，取引先状況であり，同業関係は，同業者間の
商慣習，共通点，特色等であり，同業者間の取引方法であるとしている。

1.　銀行信用調査内容

　阿部（1957）は，三井銀行の行員が1927年に米国の銀行の信用調査事務を
調査した報告書により，米国の銀行の信用調査を次のように述べている。米国
銀行の信用調査の目的は，取引先貸金先に対する貸出金の回収懸念に対して行
うものと共に，銀行は事業経営上の後援者として有形無形の助力を惜しまない
としている。信用調査において調査する事項は，会社の沿革，経営実権者，操
業の性格（取扱品目，製造方法，販売・仕入状況，金融状況，設備状況，銀行
取引状況，外的条件（産業界の情勢）であると述べている。
　A銀行の「信用調査の手引き」（1983）によれば，銀行が融資先企業の財務
諸表を用いて分析する信用分析のみでは信用状態を判定できないため，人的要
素の「人」その他の要素の「物」「金」をそれぞれ調べて，総合的に信用を判
定することを信用調査とすると述べている。「人」の調査とは，経営者，従業
員，組織をさしており，経営者の顔ぶれとして，取締役等の略歴，人柄，リー
ダーシップと従業員の動向等を調べることである。「物」の調査とは，業界動
向，当該企業の業界における競争力，業界における地位を指す。産業の盛衰，
当該企業の業界における競争力・地位，市場占有率，製品ライフサイクル，販
売地盤，仕入地盤，立地条件，販売経路を調べることである。「金」の調査とは，
経理面を意味する。損益計算書・貸借対照表等財務諸表による財務分析で財政

図表 19 － 1　銀行信用調査内容

	業界調査	個別企業調査		
		ヒト	モノ	カネ
勝田 (1912)	大勢調査　業界動向	経営者の経歴	営業上の技能	
阿部 (1957)	業界における地位, 産業界の情勢, 業界内競争状態, 同業者の風評	経営実権者	取扱品目, 販売条件, 設備状況, 会社の沿革	金融状態, 銀行取引状況
A銀行 (1983)	業界動向, 当該企業の業界における競争力, 業界内地位	経営者, 経営組織, 従業員	業界調査	経理面分析
B銀行 (1993)	業界動向（業界の将来性・安定性）	経営者, 経営組織, 労使関係	事業資質（沿革, 資本, 設備生産, 仕入・販売状況, 資金繰り）	財務分析（収益状況, 財政状態, 資金繰り）
山中 (1997)	業界動向, 成長性, 業界構造	経営者, 従業員資質, 株主構成	製品特性, 取扱商品, 業務内容, 仕入先, 販売先	財務内容, 資金繰り
住友銀行事業調査部 (1998)	業界の需給動向, 採算状況, 設備動向, 支払・回収条件	経営者, 経営形態, 従業員, 株主・系列, 業歴および沿革	製品の状況, 生産の状況, 仕入・販売の状況, 在庫状況	業績, キャッシュフロー, 資力
久保田 (2001)	同業者数, 業界の設備状況・生産能力, 需給動向・製品価格推移, 原材料動向, 技術動向, 政府方針	経営者, 沿革	経営体制, 事業概要, 生産状態, 販売状況	財務諸表, 事業計画・収支予想

出所：筆者作成

状態を調査することであるとしている。

　B 銀行の「信用調査の手引き」(1993) は，信用調査を，対象企業の実態を把握するとともにその将来性を判定して，取引方針決定のための資料を提供することであると述べている。企業は「人」と「資本」からなる有機的結合体であり，「資本」は，「物」と「金」から成り立っており，信用調査においては，「人」，「物」，「金」のそれぞれの要素について具体的検討を行い，その結果を総合して信用状態を把握しなければならないとしている。「人」は，経営主体としての経営者，従業員，組織，労使関係などの諸要素を表している。「物」は，経営の内部要素としての事業素質と経営を取り巻く外部要素である業界動向である。「金」は，財政状態，収益状況，資金繰りなどの財政面を指すとしている。

　山中 (1997) は，銀行審査のうち，特にメインバンクによる審査内容を次のように述べている。メインバンクによる貸出先企業の審査内容は 2 つの視点で審査が行われ，1 つは，当該企業自体の内容を調査する個別企業内容調査であり，もう 1 つは，当該企業を取り巻く環境を調査する業界調査である。

　個別企業内容調査は，当該企業の財務内容，担保力，取扱商品の特徴，資金繰り等の調査による企業力の把握である。これに加えて，当該企業の属する業界の動向，成長性，業界構造等の業界調査が併せて行われ，貸出先企業の審査が完成する。貸出先審査においては，当該企業自体の内容を調査する個別企業内容の調査が大きなファクターを占めるのは当然であるが，業界調査も無視できない重要性を有する。

　業界調査は，企業経営においては，その企業自体の経営力の優位性は重要なものの，取扱商品の性格からして業界全体として見ればその成長性が低い場合や，業界の構造が個々の企業のブレーキとなっている場合がある。また業界全体の中にしめる当該企業の位置付けや同業者の企業力，動向も当該企業の審査にあたっては，大きな影響をうける。企業を取り巻く外部環境は企業経営に大きな影響を及ぼす。当該企業の製品の技術力を業界全体で判断すること，商品の販売先，仕入先等の流通経路や業界構造も企業経営力の把握に欠かすことはできず，取扱商品自体の成長性も無視できない。企業を取り巻く外部環境調査

分析を業界調査とすれば，個別企業内容調査に業界調査が加わりはじめて完成する。

　個別企業の審査は，企業を構成する「人」，「物」，「金」の3要素を通じて企業の内容を把握することが基本となる。これらの3要素のうち，「金」は財務分析が中心になるのに対して，「人」と「物」は，定性分析が中心となり実態調査が主体となると述べている。

　住友銀行事業調査部（1998）は，企業向けの貸出審査について次のように論じている。貸出審査を行う際，当該企業の属する業界動向を常に把握しなければならない。当該企業の販売計画，利益計画，設備投資計画等の事業計画の是非を判断するためには，その業界の需給動向，採算状況，設備動向，支払回収条件の把握が必要である。

　貸出審査にあたって最も基本になることは，企業内容を把握することである。企業の3要素は，「人」，「物」，「金」である。「人」については，「事業は人なり」と言われるように，「物」と「金」を動かし実際に経営を行っているのは人であり，企業の良否は尽きるところ人の問題にかかっている。経営者の良し悪しは企業の盛衰を決定づける。企業の現状を把握し，先行きを占うためには，経営者の人物，手腕，経営方針を十分に承知する必要がある。

　「物」(営業) については，生産，仕入，販売等の企業の事業活動すべてを指し，その把握は貸出審査に必要なことである。営業活動の把握は，取扱い製品の把握，生産状況の把握，仕入・販売状況の把握，在庫状況の把握，が必要である。

　「金」については，経営と営業の結果として，現れるのが業績・キャッシュフロー・資力であり，財務諸表として表される。

　久保田（2001）は，企業調査は「信用調査」のことであり，貸付を主たる業務とする金融機関の他，企業相互の信用によって成立するビジネスの世界では相手企業の信用調査は欠かすことのできないものであるとしている。信用調査を，単なる信用度のみならず，取引先の将来性や成長性についての判定の巧拙が自社の将来を左右すると述べ，企業審査は，企業を「ヒト」，「モノ」，「カネ」の観点から有機的に評価する作業であり，「ヒト」すなわち経営者が企業経営

上最も重要であるとして，経営者の評価は，人物，人柄，力量，熱意，仕事ぶり，経営方針はどうかについて社内外の評判より評価する。企業が必要とする「モノ」，「カネ」は入手が可能であるが，経営者の能力は自由に入手できない。

　沿革の調査は，将来を予測するため過去の傾向を把握する必要がある。設立の事情・動機により企業のルーツを明らかにする。経営体制・事業体制の変遷を把握し，事業環境の変遷の中でどのような経営戦略等をとってきたかを検証する。

　業界の調査は，業界の特性・問題点を次の点から捉える。調査ポイントは以下である。同業者数とその格付け，業界の設備状況および生産能力，製品の生産・出荷・在庫などの需給動向および製品価格の推移，原材料の需給状況および原材料価格の推移，同業者の損益・財政状況，技術革新，労働状況，当局の行政指導方針，関連法令の改廃等，をベースに業界の将来の見通しを調べる。

　先行研究をレビューすることで銀行の信用調査は，融資対象企業の有する「ヒト」，「モノ」，「カネ」で表される内部経営資源の検証を重視することと併せて，当該企業の所属する業界動向も重視しており，競争戦略論が企業の外部要因と内部要因のいずれかに偏重した分析をするのに対して，銀行の信用調査はどちらかに偏った見方は行っていないことが検証できた。銀行の信用調査は，同一業界に属する企業においても各々の企業は異質であることを前提としており，個々の企業が有する内部経営資源は異なることと，企業を取り巻く外部環境と業界内のポジションも異なることを前提としている。

　わが国銀行の信用調査において，内部経営資源の「ヒト」は，経営者・株主・従業員等の検証がなされている。「モノ」は，製品状況・仕入先・販売先・生産状況等が検証されている。そして「カネ」は，資金繰り状況・キャッシュフロー等が検証されている。先行研究で検証された銀行の信用調査においては，これら内部経営資源のうち，特に「ヒト」で表される経営者の資質が企業経営において影響が大きいものとして重視されていることに特徴がある。

　そして業界調査においては，業界の成長性，安定性等の業界動向と併せた当該企業の業界内におけるポジション等も重視されている。

2．銀行信用調査と経営戦略理論について

　銀行の信用調査は，融資取引に対する貸出資金が健全に返済されるかの判断として，貸出業務の一環で行われており，経営学の構成理論である経営戦略論の成立以前から銀行の信用調査が行われていた。

　一方，経営戦略論の一部である競争戦略論は，企業が他社との競合に打ち勝つ競争優位の源泉を探る目的で発展したものであり，本来両者は別々のものとして発展してきており，これまで融合することは無かった。そのため，競争戦略論の理論構成過程において銀行の信用調査の判断基準他は採り入れておらず，同様に銀行の信用調査において，競争戦略理論を積極的に採り入れた形跡を見出すことは難しい。

　銀行の信用調査は，同じ業界に属していても個々の企業は異質なものであることを前提に行われている。これは資源ベース・アプローチが前提とする企業は異質な存在であるということを採り入れていると捉えられるが，銀行の信用調査は，競争戦略論のポジショニング・アプローチと資源ベース・アプローチによる理論対立である，企業の持つ競争優位の源泉を企業の外部に見るか，企業の内部に見るかのような，いずれかを重視する見方は行っていない。銀行の信用調査は，あくまでも取引先企業に対する融資資金の返済が可能であるかについて，当該企業の属する業界動向と併せ，企業の有する内部経営資源の優位性を総合的に判断のうえ行っている。

　資源ベース・アプローチによれば，内部資源の人的資源は，ミドルマネージャー以下の職員の有する技術・ノウハウ等を重視している一方で，経営者の資質や経営実権者の経験は銀行の信用調査に比べればそれほど重視していない。

　また，資源ベース・アプローチが競争優位の源泉として強調する「組織能力」は，信用調査における判断項目である経営資源の「ヒト」，「モノ」，「カネ」のうち「モノ」を構成する要素として，仕入状況，生産状況，販売状況として調査の対象となっているものの，企業外部からの調査による限界もあり，当該企

業の優位性の判断として強く支持されるものではない。

　同様に「無形資源」も当該企業の有する評判，ブランド等は，バランスシートに記載されていないため評価が難しく，有形資源との比較においてそれ程重要視されてはいない。

　本稿は，経営戦略論を用いた銀行の信用調査の発展可能性について考察したものである。銀行での信用調査の実務において，経営戦略論のうち，競争戦略論のポジショニング・アプローチと資源ベース・アプローチを銀行の信用調査の実務において，用いることによる発展可能性を考察するものとして本稿を記載した。

　銀行の融資方針は，過去の担保偏重主義から，企業の事業内容，当該企業の優位性，キャッシュフロー状況の検証を基にした融資資金の返済可能性を重視した融資方針に移行している。そのため，企業のキャッシュフローの状況を把握する信用調査の過程において，当該企業の優位性を検証する分析手法として，例えば SWOT 分析や，当該企業の業界内におけるポジションを分析する目的でポジショニング・マップによるポジショニング分析等の経営戦略論による定性要因分析も一部では行われている。一方で，有形資源を中心とした内部資源の貨幣価値に換算した評価は依然として行われている。

　これからの銀行の信用調査における，経営戦略理論の分析手法では，以下の分析手法の活用が期待できる。

　第 1 に 5Forces を用いた当該企業の属する業界分析である。銀行貸出審査辞典において，業界動向の分析として業界構造分析もなされており，参入障壁，競合企業状況，支払い条件，債権回収条件等 5Forces 構成要素の記載もある。そのため業界情報を整理の上，業界構造分析として 5Forces を活用する意義はある。

　第 2 に VRIO 分析による内部経営資源と組織能力の整理と分析での活用である。内部経営資源・組織能力を，Value 経済的な価値，Rareness 希少な経営資源に関する問い，Inimitability 模倣困難な経営資源に関する問い，Organization 組織特性に関する分析等を行うことで，企業の所有する経営資源も的を絞ったうえでの分析も可能になる。さらに，VRIO 分析においては，

190

静的な分析に留まらず，将来変化を予測したうえでのダイナミック・ケイパビリティの理論を取り込んだ分析の可能性も期待できる。

　銀行の信用調査と経営戦略論の融合の可能性を検証し，経営戦略論を用いた銀行の企業向け信用調査の発展可能性について検証した。先行研究のレビューによって，銀行の信用調査において，ポジショニング・アプローチと資源ベース・アプローチが重視する概念も融資判断項目として採りいれていることを考察した。

　これからは，これまで接点が無かった経営戦略論を用いた銀行の企業向け信用調査の発展可能性も期待できるものと考えられる。

【ディスカッション】

◎　企業調査における経営戦略理論の活用可能性について論じてください。

 考えてみよう！

参考文献

阿部斗毛（1957）「アメリカの銀行の信用調査制度1」『企業会計』Vol.9, No.9, pp.1505-1507.

阿部斗毛（1957）「アメリカの銀行の信用調査制度2」『企業会計』Vol.9, No.11, pp.1831-1837.

勝田貞次（1912）『銀行の発展策と信用調査方法』大同書院.

久保田政純（2001）「企業審査とは」久保田政純編著『企業審査ハンドブック第3版』日本経済新聞社.

齋藤壽彦（2000）「戦前における銀行の貸出審査・信用調査と興信所（上）」『銀行法務21』Vol.44, No.3, pp.36-40.

齋藤壽彦（2000）「戦前における銀行の貸出審査・信用調査と興信所（下）」『銀行法務21』Vol.44, No.8, pp.63-69.

住友銀行事業調査部編著（1998）『貸出審査の総合判断』金融財政事情研究所.

日本経営史研究所（1983）『三井両替店』三井両替店編纂委員会.

山中宏（1997）『メインバンクの審査機能』税務経理協会.

索　引

《著者紹介》

羽田明浩（はねだ・あきひろ）

国際医療福祉大学医療マネジメント学科教授 同大学院医療福祉学研究科教授

1962 年生まれ

1986 年　立教大学経済学部卒業　三井銀行（現三井住友銀行）入行

2013 年　同大学院経営学研究科博士課程修了　三井住友銀行勤務を経て，

2013 年　国際医療福祉大学大学院准教授

2018 年より現職

博士（経営学）立教大学

主要著書

羽田明浩『ナースのためのヘルスケア MBA』創成社，2017 年

羽田明浩『競争戦略論から見た日本の病院』創成社，2015 年

羽田明浩「企業価値向上ツールとしてのバランスト・スコアカード」

　亀川雅人編『企業価値創造の経営』学文社，2007 年

羽田明浩「医療機関の資金調達手法の比較」

　亀川雅人編『医療と企業経営』学文社，2007 年

（検印省略）

2021 年 10 月 20 日　初版発行　　　　　　　　　　略称―医療経営

医療経営戦略論

著　者　羽　田　明　浩

発行者　塚　田　尚　寛

発行所　東京都文京区　　**株式会社　創 成 社**
　　　　春日 2－13－1

　　　　電　話 03（3868）3867　　　F A X 03（5802）6802
　　　　出版部 03（3868）3857　　　F A X 03（5802）6801
　　　　http://www.books-sosei.com　振　替 00150-9-191261

定価はカバーに表示してあります。

©2021 Akihiro Haneda　　　組版：ワードトップ　印刷：エーヴィスシステムズ
ISBN978-4-7944-2593-5　C3034　製本：エーヴィスシステムズ
Printed in Japan　　　　　　　落丁・乱丁本はお取り替えいたします。

───────────── 創 成 社 ─────────────